# 城南旧事

林海音 著
沈继光 摄影

当代中国出版社

图书在版编目(CIP)数据

城南旧事/林海音著；沈继光摄. —北京：当代中国出版社，2004.5
(名家与故乡)
ISBN 978-7-80170-307-1

Ⅰ.城… Ⅱ.①林…②沈… Ⅲ.散文—作品集—中国—当代 Ⅳ.I267

中国版本图书馆CIP数据核字(2004)第045798号

北京市版权局著作权登记号　图字01-2004-4808

| | | |
|---|---|---|
| 出 版 人 | 周五一 | |
| 责任编辑 | 赵　型 | |
| 装帧设计 | 吴冠曼 | |
| 出版发行 | 当代中国出版社 | |
| 地　　址 | 北京市地安门西大街旌勇里8号 | |
| 网　　址 | http://www.ddzg.net　邮箱：ddzgcbs@sina.com | |
| 邮政编码 | 100009 | |
| 编辑部 | (010)66572152　66572154　66572155 | |
| 市场部 | (010)66572157　66572281　66111785 | |
| 印　　刷 | 北京画中画印刷有限公司 | |
| 开　　本 | 特16开　152×228毫米 | |
| 印　　张 | 14印张 | |
| 版　　次 | 2004年8月第1版 | |
| 印　　次 | 2007年3月第5次印刷 | |
| 定　　价 | 25.00元 | |

本书繁体字本原由三联书店(香港)有限公司出版，经由原出版者授权当代中国出版社在中国大陆出版发行简体字本。

# 目录

冬阳 童年 骆驼队 ...................................... 1

惠安馆 ................................................ 8

我们看海去 ............................................ 94

兰姨娘 ............................................... 133

驴打滚儿 ............................................. 164

爸爸的花儿落了 ....................................... 191

后记 ................................................. 202

收拾残片——陪海音先生再走城南（沈继光）...... 213

"长空雪乱飘,改尽江山旧。"(摄于故宫西华门)

骆驼队来了,停在我家的门前……

冬阳 童年 骆驼队

骆驼队来了,停在我家的门前。

它们排列成一长串,沉默地站着,等候人们的安排。天气又干又冷。拉骆驼的摘下了他的毡帽,秃瓢儿上冒着热气,是一股白色的烟,融入干冷的大气中。

爸爸在和他讲价钱。双峰的驼背上,每匹都驮着两麻袋煤。我在想,麻袋里面是"南山高末"呢?还是"乌金墨玉"?我常常看见顺城街煤栈的白墙上,写着这样几个大黑字。但是拉骆驼的说,他们从门头沟来,他们和骆驼,是一步一步走来的。

另外一个拉骆驼的,在招呼骆驼们吃草料。它们把前脚一屈,屁股一撅,就跪了下来。

爸爸已经和他们讲好价钱了。人在卸煤,骆驼在吃草。

我站在骆驼的面前,看它们吃草料咀嚼的样子:那样丑的脸,那样长的牙,那样安静的态度,它们咀嚼的时候,上牙和下牙交错地磨来磨去,大鼻孔里冒着热气,白沫子沾满在胡须上。我看得呆了,自己的牙齿也动起来。

老师教给我,要学骆驼,沉得住气的动物。看它从不着急,慢慢的走,慢慢的嚼;总会走到的,总会吃饱的。也许它们天生是该慢慢的,偶然躲避车子跑两步,姿势很难看。

骆驼队伍过来时,你会知道,打头儿的那一匹,长脖子底下总会系着一个

**从鼓楼望钟楼。** 钟楼,(元)至元九年(1272)始建,"阁四阿,檐三重,悬钟于上,声远愈闻之。"后毁于火。(清)乾隆十年(1745)重建,全部以砖石筑成,通高47.95米。每日黄昏鸣钟108响,随后起更,翌日清晨再鸣钟一次。(摄于地安门鼓楼下)

铃铛,走起来,"当、当、当"的响。

"为什么要一个铃铛?"我不懂的事就要问一问。

爸爸告诉我,骆驼很怕狼,因为狼会咬它们,所以人类给它们戴上了铃铛,狼听见铃铛的声音,知道那是有人类在保护着,就不敢侵犯了。

我的幼稚心灵中却充满了和大人不同的想法,我对爸爸说:

"不是的,爸!它们软软的脚掌走在软软的沙漠上,没有一点点声音,你不是说,它们走上三天三夜都不喝一口水,只是不声不响地咀嚼着从胃里倒出来的食物吗?一定是拉骆驼的人类,耐不住那长途寂寞的旅程,所以才给骆驼戴上了铃铛,增加一些行路的情趣。"

爸爸想了想,笑笑说:

"也许,你的想法更美些。"

冬天快过完了,春天就要来,太阳特别的暖和,暖得让人想把棉袄脱下来。可不是么?骆驼也脱掉它的旧驼绒袍子啦!它的毛皮一大块一大块地从身上掉下来,垂在肚皮底下。我真想拿把剪刀替它们剪一剪,因为太不整齐了。拉骆驼的人也一样,他们身上那件反穿大羊皮,也都脱下来了,搭在骆驼背的小峰上,麻袋空了,"乌金墨玉"都卖了,铃铛在轻松的步伐里响得更清脆。

夏天来了,再不见骆驼的影子,我又问妈:

"夏天它们到哪里去?"

"谁?"

"骆驼呀!"

妈妈回答不上来了,她说:

"总是问,总是问,你这孩子!"

夏天过去,秋天过去,冬天又来了,骆驼队又来了,但是童年却一去不

钟楼和胡同一起,才有了钟楼的意义。 "越钟鼓楼而西曰钟库胡同,曰小铃铛胡同,曰铃铛胡同,曰牛圈,曰汤平胡同,《顺天府志》作汤锅胡同。"(摄于汤锅胡同〔汤公胡同〕)

（左上）**清绝广化寺。** 创建于元代，清宣统元年，曾在寺院内筹建京师图书馆。现为北京市佛教协会所在地。题名"清绝"，更多是对它的赋予，对它的感受，又加上那天雪衣寺院。（摄于北海北沿鸦儿胡同）

（左下）**孤树百姓家。** "我念着国文上的那课叫做《下雪》的：一片一片又一片，两片三片四五片，六片七片八九片，飞入芦花都不见。"——林海音《城南旧事》（摄于北海北沿鸦儿胡同）

（右）**寒枝古干，瑞雪老屋。** （摄于后红井胡同）

还。冬阳底下学骆驼咀嚼的傻事,我也不会再做了。

可是,我是多么想念童年住在北京城南的那些景色和人物啊!我对自己说,把它们写下来吧,让实际的童年过去,心灵的童年永存下来。

就这样,我写了一本《城南旧事》。

我默默地想,慢慢地写。看见冬阳下的骆驼队走过来,听见缓慢悦耳的铃声,童年重临于我的心头。

青堂瓦舍百姓家。（摄于崇文花市）

# 太阳

从大玻璃窗透进来,照到大白纸糊的墙上,照到三屉桌上,照到我的小床上来了……

# 惠安馆

有大树的会馆院落。"窗外很明亮,干秃的树枝上落着几只不怕冷的小鸟。我在想,什么时候那树上才能长满叶子呢?这是我们在北京过的第一个冬天。"——林海音《城南旧事》。冬天刚过,春天来了,有了最初暖绿的叶子。英子,别急,再过些天,树就长满叶子,花荫凉会撒得满庭满院。(摄于椿树南柳巷胡同路东)

# 一

太阳从大玻璃窗透进来,照到大白纸糊的墙上,照到三屉桌上,照到我的小床上来了。我醒了,还躺在床上,看那道太阳光里飞舞着的许多小小的、小小的尘埃。宋妈过来掸窗台,掸桌子,随着鸡毛掸子的舞动,那道阳光里的尘埃加多了,飞舞得更热闹了,我赶忙拉起被来蒙住脸,是怕尘埃把我呛得咳嗽。

宋妈的鸡毛掸子轮到来掸我的小床了,小床上的棱棱角角她都掸到了,掸子把儿碰在床栏上,格格地响,我想骂她,但她倒先说话了:

"还没睡够哪!"说着,她把我的被大掀开来,我穿着绒裤褂的身体整个露在被外,立刻就打了两个喷嚏。她强迫我起来,给我穿衣服。印花斜纹布

的棉袄棉裤,都是新做的;棉裤筒多可笑,可以直立放在那里,就知道那棉花够多厚了。

妈正坐在炉子边梳头,倾着身子,一大把头发从后脖子顺过来,她就用篦子篦呀篦呀的,炉子上是一瓶玫瑰色的发油,天气冷,油凝住了,总要放在炉子上化一化才能搽。

窗外很明亮,干秃的树枝上落着几只不怕冷的小鸟。我在想,什么时候那树上才能长满叶子呢?这是我们在北京过的第一个冬天。

妈妈还说不好北京话,她正在告诉宋妈,今天买什么菜。妈不会说"买一斤猪肉,不要太肥"。她说:"买一斤租漏,不要太回。"

妈妈梳完了头,用她的油手抹在我的头发上,也给我梳了两条辫子。我看宋妈提着篮子要出去了,连忙喊住她:

"宋妈,我跟你去买菜。"

宋妈说:

"你不怕惠难馆的疯子?"

宋妈是顺义县人,她也说不好北京话,她说成"惠难馆",妈说成"灰

（左）院门口。 厚厚的门框门板，没有了棱角和漆色，门墩呢，方直被剥蚀成圆浑，外表雕饰的花叶还能依稀辨出。门口，挺干净，也挺阔绰，老祖宗似的槐树，像撑天的伞，罩着这院，罩着这半个胡同。您不用往上看，就看下面的粗干老根就明白了。老北京人，离不了这大树，忘不了这大树，因为它上百年默默地护着你，伴着你，无言地爱着你，直至你的儿孙们。（摄于西旧帘子胡同）

（右）说不尽的台阶，看不尽的门墩。"不就是台阶和门墩嘛，几十年了，我出出进进，约摸也有几万次都不止，还有什么看头儿，什么说头儿？"熟视无睹讲的就是这种麻木的状态。当你把它当作第一次才看见，把它当作"江上之清风，山间之明月"以审美的眼光再重新审视，也许就全然不同了。石墩是什么表情？它在望着谁？坡石少了一块，是什么时候又怎么缺失的？阶石倾斜着，何时开始的？两道石缝的抔土中又冒出了什么小叶子？当我用心关注和体贴它们，爱的生活就开始了。（摄于宣武椿树南柳巷〔柳条胡同并入〕）

娃馆"，爸说成"飞安馆"，我随着胡同里的孩子说"惠安馆"，到底哪一个对，我不知道。

我为什么要怕惠安馆的疯子？她昨天还冲我笑呢！她那一笑真有意思，要不是妈紧紧拉我的手，我就会走过去看她，跟她说话了。

惠安馆在我们这条胡同的最前一家，三层石台阶上去，就是两扇大黑门凹进去，门上横着一块匾，路过的时候爸教我念过："飞安会馆"。爸说里面住的都是从"飞安"那个地方来的学生，像叔叔一样，在大学里念书。

"也在北京大学？"我问爸爸。

"北京的大学多着呢，还有清华大学呀！燕京大学呀！"

"可以不可以到飞安——不，惠安馆里找叔叔们玩一玩？"

"做唔得！做唔得！"我知道，我无论要求什么事，爸终归要拿这句客家话来拒绝我。我想总有一天我要迈上那三层台阶，走进那黑洞洞的大门里去的。

惠安馆的疯子我看见好几次了，每一次只要她站在门口，宋妈或者妈就赶快捏紧我的手，轻轻说："疯子！"我们就擦着墙边走过去，我如果要回头再张望一下,她们就用力拉我的胳膊制止我。其实那疯子还不就是一个梳着油松大辫子的大姑娘,像张家李家的大姑娘一样!她总是倚着门墙站着,看来来往往过路的人。

是昨天,我跟着妈妈到骡马市的佛照楼去买东西,妈是去买搽脸的鸭蛋粉,我呢,就是爱吃那里的八珍梅。我们从骡马市大街回来,穿过魏染胡同、西草厂,到了椿树胡同的井窝子,井窝子斜对面就是我们住的这条胡同。刚一进胡同,我就看见惠安馆的疯子了,她穿了一身绛紫色的棉袄,黑绒的毛窝,头上留着一排刘海儿,辫子上扎的是大红绒绳,她正把大辫子甩到前面来,两手玩弄着辫梢,楞楞的看着对面人家院子里的那棵老洋槐。干树枝子上有几只乌鸦,胡同里没什么人。

妈正低头嘴里念叨着,准是在算她今天一共买了多少钱的东西,好跟无事不操心的爸爸报帐,所以妈没留神已经走到了"灰娃馆"。我跟在妈的后面,一直看疯子,竟忘了走路。这时疯子的眼光从洋槐上落下来,正好看到我,她眼珠不动的盯着我,好像要在我的脸上找什么。她的脸白得发青,鼻子尖有点红,大概是冷风吹冻的,尖尖的下巴,两片薄嘴唇紧紧地闭着。忽然她的嘴唇动了,眼睛也眨了两下,带着笑,好像要说话,弄着辫梢的手也向我伸出来,招我过去呢。不知怎么,我混身大大地打了一个寒战,跟着,我就随着她的招手和笑意要向她走去。——可是妈回过头来了,突然把我一拉:

"怎么啦,你?"

"嗯?"我有点迷糊。妈看了疯子一眼,说:

"为什么打哆嗦?是不是怕——是不是要溺尿?快回家!"我的手被妈使劲拖拉着。

回到家来,我心里还惦念着疯子的那副模样儿。她的笑不是很有意思吗?如果我跟她说话——我说:"嘿!"她会怎么样呢?我楞楞地想着,懒得吃晚饭,实在也是八珍梅吃多了。但是晚饭后,妈对宋妈说:

"英子一定吓着了。"然后给我沏了碗白糖水,叫我喝下去,并且命令我钻被窝睡觉。……

(上)门钹,叫门用的。 摸了那六蝠环纹的门钹,再摸摸那裸露的原木,裸露的油灰麻刀,鳞片一样的黑漆皮,自己好像明白了一点"门与人"或"人与门"。(摄于宣武南柳巷胡同〔柳条胡同并入〕)

(下) 小屋窗台上的药壶。

这时，我的辫子梳好了，追了宋妈去买菜，她在前面走，我在后面跟着。她的那条恶心的大黑棉裤，那么厚，那么肥，裤脚绑着。别人告诉妈说，北京的老妈子很会偷东西，她们偷了米就一把一把顺着裤腰装进裤兜子，刚好落到绑着的裤脚管里，不会漏出来。我在想，宋妈的肥裤脚里，不知道有没有我家的白米？

经过惠安馆，我向里面看了一下，黑门大开着，门道里有一个煤球炉子，那疯子的妈妈和爸爸正在炉边煮什么，大家都管疯子的爸爸叫"长班老王"，长班就是给会馆看门的，他们住在最临街的一间屋子。宋妈虽然不许我看疯子，但是我知道她自己也很爱看疯子，打听疯子的事，只是不许我听我看就是了。宋妈这时也向惠安馆里看，正好疯子的妈妈抬起头来，她和宋妈两人同时说"吃了吗？您！"爸爸说北京人一天到晚闲着没有事，不管什么时候见面都要问吃了没有。

出了胡同口往南走几步，就是井窝子，这里满地是水，有的地方结成薄薄的冰，独轮水车来一辆去一辆，他们扭着屁股推车，车子吱吱哑哑地响，好刺耳，我要堵起耳朵啦！井窝子有两个人正向深井里打水，水打上来倒在一个好大的水槽里，推水的人就在大水槽里接了水再送到各家去。井窝子旁住着一个我的朋友——和我一般高的妞儿。我这时停在井窝子旁边不走了，对宋妈说：

"宋妈，你去买菜，我等妞儿。"

妞儿，我第一次是在油盐店里看见她的。那天她两只手端了两个碗，拿了一大枚，又买酱，又买醋，又买葱，伙计还逗着说："妞儿，唱一段才许你走！"妞儿眼里含着泪，手摇晃着，醋都要洒了，我有说不出的气恼，一下窜到妞儿身旁，插着腰问他们：

"凭什么？"

就这样，我认识了妞儿。

妞儿只有一条辫子，又黄又短，像妈在土地庙给我买的小狗的尾巴。第二次看见妞儿，是我在井窝子旁边看打水。她过来了，一声不响的站在我身

两会馆的二层木楼围栏。房檐下吊着一根长长的竹竿,晾晒衣被。虽馆内杂居多户,棚架仓厨处处围堵,我立锥静观,仍能见出原来的严整和居者的情致。(摄于宣武南柳巷胡同〔柳条胡同并入〕)

边,我们俩相对着笑了笑,不知道说什么好。等一会儿,我就忍不住去摸她那条小黄辫子了,她又向我笑了笑,指着后面,低低的声音说:

"你就住在那条胡同里?"

"嗯。"我说。

"第几个门?"

我伸出手指头来算了算:

"一,二,三,四,第四个门。到我们家来玩儿。"

她摇摇头说:"你们胡同里有疯子,妈不叫我去。"

"怕什么?她又不吃人。"

她仍然是笑笑地摇摇头。

妞儿一笑,眼底下鼻子两边的肉就会有两个小漩涡,很好看,可是宋妈

石水槽。 这里的美，就美在一个"古"字上。还是残缺的，更蒙加了一层神秘。（摄于西岔胡同〔原惜薪司西岔〕）

竟跟油盐店的掌柜说：

"这孩子长得俊倒是俊，就是有点薄，眼睛太透亮了，老像水汪着，你看，眼底下有两个泪坑儿。"

我心里可是有说不出的喜欢她，喜欢她那么温和，不像我一急，宋妈就骂我的："又跳？又跳？小暴雷。"那天她跟我在井窝子边站了一会儿，就小声地说："我要回去了，我爹等着我吊嗓子。赶明儿见！"

我在井窝子旁跟妞儿见过几次面了，只要看见红棉袄裤从那边闪过来，我就满心的高兴，可是今天，等了好久都不见她出来，很失望，我的绒裤子口袋里还藏着一小包八珍梅，要给妞儿吃的。我摸摸，发热了，包的纸都破烂了，黏乎乎的，宋妈洗衣服时，我还得挨她一顿骂。

我觉得很没意思，往回家走，我本来想今天见着妞儿的话，就告诉她一个好主意，从横胡同穿过到我家，就用不着经过惠安馆，不用怕看见疯子了。

我低头这么想着，走到惠安馆门口了。

"嘿！"

吓了我一跳！正是疯子。咬着下嘴唇，笑着看我。她的眼睛里透亮，一笑眼底下——就像宋妈说的，怎么也有两个泪坑儿呀！我想看清楚她，我是多么久以前就想看清楚她的。我不由得对着她的眼神走上了台阶。太阳照在她的脸上，常常是苍白的颜色，今天透着亮光了。揣在短棉袄里的手伸出来拉住我的手，那么暖，那么软。我这时看看胡同里，没有一个人走过。真奇怪，我现在怕的不是疯子，倒是怕人家看见我跟疯子拉手了。

"几岁了?"她问我。

"嗯——六岁。"

"六岁!"她很惊奇地叫了一声,低下头来,忽然撩起我的辫子看我的脖子,在找什么。"不是。"她喃喃的自己说话,接着又问我:

"看见我们小桂子没有?"

"小桂子?"我不懂她在说什么。

这时大门里疯子的妈妈出来了,皱着眉头怪着急地说:

"秀贞,可别把人家小姑娘吓着呀!"又转过脸来对我说:

"别听她的,胡说呢!回去吧!等回头你妈不放心。嗯——听见没有?"

窄。小胡同窄的地方,二个人就要擦肩而过了。胡同口,横的那条亮亮的街,便是摆满了古玩字画的琉璃厂西街。(摄于西琉璃厂万源夹道)

她说着，用手扬了扬，叫我回去。

我抬头看着疯子，知道她的名字叫秀贞了。她拉着我的手，轻摇着，并不放开我。她的笑，增加了我的勇气，我对老的说：

"不！"

"小南蛮子儿！"秀贞的妈妈也笑了，轻轻地指点着我的脑门儿，这准是一句骂我的话，就像爸爸常用看不起的口气对妈说"他们这些北仔鬼"是一样的吧！

"在这儿玩不要紧，你家来了人找，可别赖是我们姑娘招的你。"

"我不说的啦！"何必这么嘱咐我？什么该说，什么不该说，我都知道。妈妈打了一只金镯子，藏在她的小首饰箱里，我从来不会告诉爸爸。

"来！"秀贞拉着我往里走，我以为要到里面那一层一层很深的院子里去

石臼石碾。　形成古城之前，就有先辈在这里聚集，打井、汲水、舂米、碾谷，约摸这是上千年的景况了。后来，元、明、清、民国、解放……那些过时的石头磨具沉重又不朽，于是被就近移至道边路旁或院门左右，用来护墙、护门、护阶，也成了一种古老历史的象徵。胡同里没了它，就少了胡同的气氛和味道，就少了神儿。古城北京没有它，你就很难说"这是古城"，真的。（摄于东松树胡同〔原新帘子胡同东段并入〕）

找上大学的叔叔们玩呢,原来她把我带进了她们住的门房。

屋里可不像我家里那么亮,玻璃窗小得很,临窗一个大炕,中间摆了一张矮炕桌,上面堆着活计和针线盒子。秀贞从桌上拿起了一件没做完的衣服,朝我身上左比右比,然后高兴地对走进来的她的妈妈说:

"妈,您瞧,我怎么说的,刚合适!那么就开领子吧。"说着,她又找了一根绳子,绕着我的脖子量,我由她摆布,只管看墙上的那张画,画儿是一个白胖大娃娃,没有穿衣服,手里捧着大元宝,骑在一条大大的红鱼上。

秀贞转到我的面前来,看我仰着头,她也随着我的眼光看那张画,满是那么回事的说:

"要看炕上看去,看我们小桂子多胖,那阵儿才八个月,骑着大金鱼,满屋里转,玩得饭都不吃,就这么淘……"

门坎,补了四个铁补丁。　京城有一谜语,是打一个物件,这个谜,只能说出,不能写出,写出就好猜了。这儿,硬是不能说了,只好写:"有卖(迈)的,没买的。"猜着了吧,谜底就在画面上。(摄于宣武椿树南柳巷)

"行啦行啦！不——害——臊！"秀贞正说得高兴，我也听得糊里糊涂，长班老王进来了，不耐烦地瞪了秀贞一眼说她。秀贞不理会她爸爸，推着我脱鞋上炕，凑近在画下面，还是只管说：

"饭不吃，衣服也不穿，就往外跑，老是急着找她爹去，我说了多少回都不听，我说等我给多做几件衣服穿上再去呀！今年的衬裙倒是先做好了，背心就差缝钮子了。这件棉袄开了领子马上就好。可急的是什么呀！真叫人纳闷儿，到底是怎么档子事儿……"她说着说着不说了，低着头在想那纳闷儿的事，一直发愣。我想，她是在和我玩"过家家儿"吧？她妈不是说她胡说吗？要是过家家儿，我倒是有一套玩意儿，小手表，小算盘，小铃铛，都可以拿来一起玩。所以我就说：

"没有关系，我把手表送给小桂子，她有了表就有一定时候回家了。"可是，——这时我倒想起妈会派宋妈来找我，就又说："我也要回家了。"

秀贞听我说要走，她也不发愣了，一面随着我下了炕，一面说："那敢情好，先谢谢你啦！看见小桂子叫她回来，外头冷，就说我不骂她，不用怕。"

我点了点头，答应她，真像有那么一个小桂子，我认识的。

我一边走着一边想，跟秀贞这样玩儿，真有意思；假装有一个小桂子，还给小桂子做衣服。为什么人家都不许他们的小孩子跟秀贞玩儿呢？还管她叫疯子？我想着就回头去看，原来秀贞还倚着墙看我呢！我一高兴就连跑带跳地回家来。

宋妈正在跟一个老婆子换洋火，房檐底下堆着字纸篓，旧皮鞋，空瓶子。

我进了屋子就到小床前的柜里找出手表来。小小圆圆的金表，镶着几粒亮亮的钻石，上面的针已经不能走动了，妈妈说要修理，可一直放着，我很喜欢这手表，常拿来戴在手上玩，就归了我了。我正站在三屉桌前玩弄着，忽然听见窗外宋妈正和老婆子在说什么，我仔细听，宋妈说：

只剩半扇的院门。 （摄于西城油房胡同12号）

凝视。 一只鸽子,又一只鸽子,飞落在老屋的瓦顶上,它们似乎在凝视着古城的日下,凝视着古城一代又一代人的繁衍、生活和劳作。它们,连同它们站立的瓦顶,都染上了日下的余晖,一切像是停住了,在空寂纯白的天幕下。噢,正是在人与世界的瞬息万变中,我明白了"停住"的意思,那是属于永恒,它关照和温暖人类的心魂,导正走路的方向。 (摄于鸦儿胡同〔原鸭儿胡同、广化寺街。侯位胡同并入〕)

"后来呢?"

"后来呀,"换洋火的老婆子说:"那学生一去到如今晚儿就没回来!临走的时候许下的,回到他老家卖田卖地,过一个月就回来明媒正娶她。好嘛!这一等就是六年啦!多俊的姑娘,我眼瞧着她疯的。……"

"说是怎么着?还生了个孩子?"

"是呀!那学生走的时候,姑娘她妈还不知道姑娘有了,等到现形了,这才赶着送回海甸义地去生的。"

"义地?"

"就是他们惠安义地,惠安人在北京死了就埋在他们惠安义地里。原来王家是给义地看坟的,打姑娘的爷爷就看起,后来才又让姑娘她爹来这儿当长班,谁知道出了这么档子事儿。"

"他们这家子倒是跟惠难有缘,惠难离咱们这儿多远哪?怎么就一去不回头了呢?"

"可远喽!"

"那么生下来的孩子呢?"

"孩子呀,一落地就裹包裹包,趁着天没亮,送到齐化门城根底下啦!反正不是让野狗吃了,就是让人捡去了!"

"姑娘打这儿就疯啦?"

"可不,打这儿就疯了!可怜她爹妈,这辈子就生下这么个姑娘。唉!"

两个人说到这儿都不言语了,我这时已经站到屋门口倾听。宋妈正数着几包丹凤牌的红头洋火,老婆子把破烂纸往她的大筐里塞呀塞呀!鼻子里吸溜着清鼻涕。

宋妈又说:

"下回给带点刨花来。那——你跟疯子她们是一地儿的人呀?"

"老亲喽!我大妈娘家二舅屋里的三姐算是疯子她二妈,现在还在看坟,他们说的还有错儿吗?"

从墙里崛起的树枝。 两个后窗,两根枝条,中间是个流雨水的瓦口。(摄于南长街大宴乐胡同〔西大街三条并入〕9号)

铁钉钉成的乇字图案在临街门柱上。 （摄于宣武椿树南柳巷2号）

竹门帘和晾衣服的竹竿。 冬天，北京冷，为了防止热气外泄，冷气袭入，门前挂的是棉门帘，蓝布面，镶很宽的黑边，内絮棉花，用针纳出斜方格花纹。到了夏天，又换上竹帘，它是又防蚊又通风，而且，从屋内往外看，清清楚楚，从院往里看，什么看不出。隔着竹帘，看院景，春花夏雨秋叶黄，也是个乐子。 （摄于椿树南柳巷）

宋妈一眼看见了我，说：

"又听事儿，你。"

"我知道你们说谁。"我说。

"说谁？"

"小桂子她妈。"

"小桂子她妈？"宋妈哈哈大笑："你也疯啦？哪儿来的小桂子她妈呀？"

我也哈哈笑了，我知道谁是小桂子她妈呀！

## 二

天气暖和多了,棉袄早就脱下来,夹袄外面早晚凉就罩上一件薄薄的棉背心,又轻又软。我穿的新布鞋,前头打了一块黑皮子头,老王妈——秀贞她妈,看见我的新鞋说:

"这双鞋可结实哟——把我们家的门槛儿踢烂了,你这双鞋也破不了!"

惠安馆我已经来熟了,会馆的大门总是开着一扇,所以我随时可以溜进来。我说溜进来,因为我总是背着家里的人偷着来的,他们只知道我常常是随着宋妈买菜到井窝子找妞儿,一见宋妈进了油盐店,我就回头走,到惠安馆来。

我今天进了惠安馆,秀贞不在屋里。炕桌上摆着一个大玻璃缸,里面是几条小金鱼,游来游去。我问王妈:

**地道寻常百姓家。** 吃白菜而留下菜心,栽于花盆内,看它开花——也是居家过日子的一个乐儿。(摄于地安门东大街)

"秀贞呢?"

"跨院里呢!"

"我去找她。"我说。

"别介,她就来,你这儿等着,看金鱼吧!"

我把鼻子顶着金鱼缸向里看,金鱼一边游一边嘴巴一张一张地在喝水,我的嘴也不由得一张一张地在学鱼喝水。有时候金鱼游到我的面前来,隔着一层玻璃,我和鱼鼻子顶牛儿啦!我就这么看着,两腿跪在炕沿上,都麻了,秀贞还不来。

我翻腿坐在炕沿上,又等了一会,还不见秀贞来,我急了,溜出了屋子,往跨院里去找她。那跨院,彷佛一直都是关着的,我从来也没有见谁去过那里。我轻轻推开跨院门进去,小小的院子里有一棵不知道什么树,已经长了小小的绿叶子了。院角地上是干枯的落叶,有的烂了。秀贞大概正在打扫,但是我进去时看见她一手拿着扫帚倚在树干上,一手掀起了衣襟在擦眼睛,我悄悄走到她跟前,抬头看着她。她也许看见我了,但是没理会我,忽

然背转身子去,伏着树干哭起来了,她说:

"小桂子,小桂子,你怎么不要妈了呢?"

那声音多么委屈,多么可怜啊!她又哭着说:

"我不带你,你怎么认得道儿,远着呢!"

我想起妈妈说过,我们是从很远很远的家乡来的,那里是个岛,四面都是水,我们坐了大轮船,又坐大火车,才到这个北京来。我曾问妈妈什么时候回去,妈说早着呢,来一趟不容易,多住几年。那么秀贞所说的那个远地方,是像我们的岛那么远吗?小桂子怎么能一个人跑了去?我替秀贞难过,也想念我并不认识的小桂子,我的眼泪掉下来了。在模模糊糊的泪光里,我仿佛看见那骑着大金鱼的胖娃娃,是什么也没穿啊!

我含着眼泪,大大地倒抽了一口气,为的不让我自己哭出来,我揪揪秀贞裤腿叫她:

(左)平常。　廊柱上的垂吊——菜篮子和鸟笼子,生计和乐趣,合在一起,大约是老百姓的平常日,平常心。(摄于地安门东大街)

(右)阳光下,门前的水缸、水桶和花盆。　(摄于南长街西巷〔原西大街。土地庙并入〕)

"秀贞！秀贞！"

她停止了哭声，满脸泪蹲下来，搂着我，把头埋在我的前胸擦来擦去，用我的绵绵软软的背心，擦干了她的泪，然后她仰起头来看看我笑了，我伸出手去调顺她的揉乱的刘海儿，不由得说：

"我喜欢你，秀贞。"

秀贞没有说什么，吸溜着鼻涕站起来。天气暖和了，她也不穿绑腿棉裤了，现在穿的是一条肥肥的散腿裤。她的腿很瘦吗？怎么风一吹那裤子，显得那么晃荡。她浑身都瘦，刚才蹲下来伏在我的胸前时，我看那块后脊背，平板儿似的。

秀贞拉着我的手说：

"屋里去，帮着拾掇拾掇。"

小跨院里只有这么两间小房，门一推吱咂咂的一串尖响，那声音不好听，好像有一根刺扎在人心上。从太阳地里走进这阴暗的屋里来，怪凉的。外屋里，整整齐齐地摆着书桌，椅子，书架，上面满是灰土，我心想，应该叫我们宋妈来给掸掸，准保扬起满屋子的灰。爸爸常常对妈说，为什么宋妈不用湿布擦，这样大掸一阵，等一会儿，灰尘不是又落回原来的地方了吗？但是妈妈总请爸爸不要多嘴，她说这是北京规矩。

走进屋里去，房间更小一点，只摆了一张床，一个茶几。床上有一口皮箱，秀贞把箱子打开来，从里面拿出一件大棉袍，我爸爸也有，是男人的。秀贞把大棉袍抱在胸前，自言自语地说：

"该翻翻添点棉花了。"

她把大棉袍抱出院子去晒，我也跟了去。她进来，我也跟进来。她叫我和她把箱子抬到院子太阳底下晒，里面只有一双手套，一顶呢帽和几件旧内衣。她很仔细地把这几件零碎衣物摊开来，并且拿起一件条子花纹的裈子对我说：

"我瞧这件裈子只能给小桂子做夹袄里子了。"

"可不是，"我翻开了我的夹袄里给秀贞看："这也是用我爸爸的旧衣服

变迁。 老门,变成了窗;孤零零的一个门枕石仿佛拿出证据似的在讲从前的故事。院内,除了老树探出墙头,还有一个绑在竹竿上扫房用的鸡毛掸子,是黑鸡毛,瞅见了么?(摄于未英胡同〔原未央胡同,下注子中段并入〕)

给改的。"

"你也是用你爸爸的?你怎么知道这衣服就是小桂子她爹的?"秀贞微笑着瞪眼问我,她那样子很高兴,她高兴我就高兴,可是我怎么会知道这是小桂子她爹的?她问得我答不出,我斜着头笑了,她逗着我的下巴还是问:

"说呀!"

我们俩这时是蹲在箱子旁,我很清爽地看着她的脸,刘海儿被风吹倒在一边,她好像一个什么人,我却想不出。我回答她说:

"我猜的。那么——"我又低声地问她:"我管小桂子她爹叫什么呀?"

"叫叔叔呀!"

"我已经有叔叔了。"

"叔叔还嫌多?叫他思康叔叔好了,他排行第三,叫他三叔也行。"

(上)跨院的天窗。　进院,一层一层,很深,很静,连自己的脚声都听得真切。回首一望,老屋的夹缝中,天,格外清白,廓出了大树和远处的天窗。　(摄于西绒线胡同〔原绒线胡同〕)

(下左)夹道中的拱形门楼。　(摄于宣武椿树南柳巷)

(下右)窗。　本来是窗户,通气进光的。不知怎的,敷上了木板,遮得严严实实。怕看?防盗?还是什么?(摄于宣武后青厂胡同〔原后青厂。武进馆夹道部分并入〕)

　　"思康三叔,"我嘴里念着。"他几点钟回家?"

　　"他呀,"秀贞忽然站起来,紧皱着眉毛斜起头在想,想了好一会儿才说:"快了。走了有个把月了。"

　　说着她又走进屋,我再跟进去,弄这弄那,又跟出来,搬这搬那,这样跟出跟进忙得好高兴。秀贞的脸这时粉嘟嘟的了,鼻头两边也抹了灰土,鼻子尖和嘴唇上边渗着小小的汗珠,这样的脸看起来真好看。

　　秀贞用袖子抹着她鼻子上的汗,对我说:"英子,给我打盆水来会不会?屋里要擦擦。"

　　我连忙说:

　　"会,会。"

跨院的房子原和门房是在一溜沿的，跨院多了一个门就是了，水缸和盆就放在门房的房檐下。我掀开水缸的盖子，一勺勺地往脸盆里舀水，听见屋里有人和秀贞的妈说话：

"姑娘这程子可好点儿了吗？"

"唉！别提了，这程子又闹了，年年开了春就得闹些日子，这两天就是哭一阵子笑一阵子的，可怎么好！真是……"

"这路毛病就是春天犯得凶。"

我端了一盆水，连晃连洒，泼了我自己一身水，到了跨院屋里，也就剩不多了。把盆放在椅子上，忽然不知哪儿飘来炒菜香，我闻着这味儿想起了一件事，便对秀贞说：

"我要回家了。"

秀贞没听见，只管在抽屉里翻东西。

我是想起回家吃完饭还要到横胡同去等妞儿，昨天约会好了的。

又凉又湿的裤子，贴在我的腿上，一进门妈妈就骂了：

"就在井窝子玩一上午？我还以为你掉到井里去了呢？看你弄这么一身水！" 妈一边给我换衣服，一边又说："打听打听北京哪个小学好，也该送进学堂了，听说厂甸那个师大附小还不错。"

妈这么说着，我才看见原来爸爸也已经回来了，我弄了一身水，怕爸爸要打骂我，他厉害得很，我缩头看着爸爸，准备被挨打的姿势，还好他没注意，抽着烟卷儿在看报，漫应着说：

"还早呢，急什么。"

"不送进学堂，她满街跑，我看不住她。"

"不听话就打！"爸的口气好像很凶，但是随后却转过脸来向我笑笑，原来是吓唬我呢！他又说："英子上学的事，等她叔叔来再对他说，由他去管吧！"

(左上)临街的二层砖木红楼——北平师范大学第一附属小学的旧址。 "妈一边给我换衣服,一边又说:'打听打听北京哪个小学好,也该送进学堂了,听说厂甸那个师大附小还不错。'"——林海音《城南旧事》。当我与助手高萍费了很大周折,贴近了这幢红楼时,的确感到它十分气派,还真不错。迈上楼梯,摄下了可以触摸小学时光的难忘画面。

(左下)北平师范大学第一附属小学的教室走廊。 走廊朝东的一侧是教室,朝西的一侧是窗户,打开窗,隔着北新华街,对面就是师范大学。为了挡住西晒,作了红色的遮阳棚,与这红楼和谐。

(中上) 北平师范大学第一附属小学的教室楼梯。 "七岁的英子投考北京师范大学第一附属小学。这是英子的第一件'人生大事',她知道这件事得靠自己。英子紧紧地拉着蹩叔的手,认真地在附小的楼上、楼下教室一间间进出,认颜色、考数字、填木块。"——夏祖丽《林海音传》

(中下)岁月的光亮——楼梯扶手。 岁月,也能发亮么?在师大第一附小的走廊里,当眼前突然一亮,看清了那是楼梯拐角扶手的瞬间,我们相信了。岁月,一届一届小学生的手,一代又一代老师的手,伴着早操、自习、上课下课摇铃的声音,多少次的上楼下楼,扶着它,摸着它,靠着它,碰撞着它……成了这个样子,像一件紫铜雕塑,闪烁着亮光。用您的手去触摸一下吧!(雕塑本该就是让参观者去摸的) 小坑小洼,微微的凸凹,彷佛是雕塑家创作时激情的刻记。   我与伙伴高萍拍下了它,半晌说不出一句话。 (摄于北新华街师大附小旧址)

(右)走廊里,矮长凳。 您看,这凳子该是谁坐的?又矮、又长、又宽,又是极结实的。在师大第一附小的教室走廊里放着。什么是最好的教育?一个凳子作了回答。

那四合院的回廊、屋檐，还有熟识的灯伞——我们童年的夜晚，就常常是在这微弱的灯光下度过。玩游戏，"老鹰捉小鸡"，小鸡们你抱着我，我揪住他，他又牵着别的小孩……在"老鹰"的左突右逼之下东拥西退，跌跌撞撞，前仰后合，哪管啥男孩女孩，都是一身土，一身汗；哪管老鹰小鸡，都是一样的乐，一样的忘记了一切。为什么那时你老是觉得玩不够，为什么你现在还记得那么真？因为它是地地道道的游戏！人远离了游戏，也就远离了人的本真。（摄于西交民巷87号院内）

  吃完饭我到横胡同去接了妞儿来，天气不冷了，我和妞儿到空闲着的西厢房里玩，那里堆着拆下来的炉子，烟筒，不用的桌椅和床铺。一个破藤箱子里，养了最近买的几只刚孵出来的小油鸡，那柔软的小黄绒毛太好玩了，我和妞儿蹲着玩弄箱里的几只小油鸡。看小鸡啄米吃，总是吃，总是吃，怎么不停啊！

  小鸡吃不够，我们可是看够了，盖上藤箱，我们站起来玩别的。拿两个制钱穿在一根细绳子上，手提着，我们玩踢制钱，每一踢，两个制钱打在鞋帮上"嗒嗒"的响。妞儿踢时腰一扭一扭的，显得那么娇。

  这一下午玩得好快乐，如果不是妞儿又到了她吊嗓子的时候，我们不知道要玩多么久。

  爸爸今天买来了新的笔和墨，还有一叠红描字纸。晚上，在煤油灯底下,他教我描红模字,先念那上面的字:"一去二三里,烟村四五家,亭台六七座,八九十枝花。"

爸爸说:

"你一天要描一张,暑假以后进小学,才考得上。"

早上我去惠安馆找秀贞,下午妞儿到西厢房里来找我,晚上描红模字,我这些日子就这么过的。

小油鸡的黄毛上长出短短的翅膀来了,我和妞儿喂米喂水又喂菜,宋妈说不要把小鸡肚子撑坏了,也怕被野猫给叼了去,就用一块大石头压住藤箱盖子,不许我们随便掀开。

妞儿和我玩的时候,嘴里常常哼哼唧唧的,那天一高兴,她竟扭起来了,她扭呀扭呀比来比去,嘴里唱着:"……开哀开门嗯嗯儿,碰见张秀才哀哀……"

"你唱什么?这就是吊嗓子吗?"我问。

"我唱的是打花鼓。"妞儿说。

她的兴致很好,只管轻轻地唱下去,扭下去,我在一旁看傻了。她忽然对我说:"来!跟我学,我教你。"

"我也会唱一种歌,"不知怎,我想我也应当露一露我的本事,一下子想起了爸爸有一回和客人谈天数唱的一首歌,后来爸曾教了我,妈还说爸爸教我这种歌真是没大没小呢!

"那你唱,那你唱。"妞儿推着我,我却又不好意思唱了,她一定要我唱,我只好结结巴巴的用客家话念唱起来:

"你听着——想来么事想心肝,紧想心肝紧不安!我想心肝心肝想,正是心肝想心肝……"

我还没数完呢,妞儿已经笑得挤出了眼泪,我也笑起来了,那几句词儿可真是拗嘴。

"谁教你的?什么心肝想心肝,心想心肝想的,哈哈哈!你唱的这是哪国的歌儿呀!"

(左）地上有投影的就要拆掉的小巷。　　拍摄它，只想证明，它是不该拆的。（摄于南长街养廉胡同〔老爷庙后巷并入〕)

(右）墙上的涂划和墙前的断木。　　涂划，那是孩子们生活的记号。正如林海音小说里："我口袋里有一块滑石，可以在砖上写出白字来，我掏出来，就不由得顺着人家的墙上一直画下去，画到我家的墙上。心里想着如果没有妞儿一起玩，是多么没有意思呢！"粗大的断木，不知在墙前搁了多少年，附近住家的大人小孩，茶余饭后闲聊玩耍，在此或靠或坐，或踩或蹲，成了几十年间活剧舞台的一个支点。（摄于西城二龙路西太平街）

我们俩搂在一堆笑，一边瞎说着心肝心肝的，也闹不清是什么意思。

我们真快乐，胡说胡唱胡玩，西厢房是我们的快乐窝，我连做梦都想着它。

妞儿每次也是玩得够不够的才看看窗外，忽然叫喊："可得回去了！"说完她就跑，急得连"再见"都来不及说。

忽然一连几天，横胡同里接不到妞儿了，我是多么的失望，站在那里等了又等。我慢慢走向井窝子去，希望碰见她，可是没有用。下午的井窝子没那么热闹了，因为送水的车子都是上午来，这时只有附近人家自己推了装着铅桶的小车子来买井水。

我看见长班老王也推了小车子来，他一趟一趟来好几趟了，见我一直站在那里，奇怪地问我：

"小英子,你在这儿发什么傻?"

我没有说什么,我自己心里的事,自己知道。我说:

"秀贞呢?"我想如果等不到妞儿,就去找秀贞,跨院里收拾得好干净了。但是老王没理我,他装满了两桶水,就推走了。

我正在犹豫着怎么办的时候,忽然从西草厂口上,转过来一个熟悉的影子,那正是妞儿,我多高兴!我跑着迎上去,喊她:"妞儿!妞儿!"她竟不理我,就像不认识我,也像没听见有人叫她。我很奇怪,跟在她身边走,但她用手轻轻赶开我,皱着眉头眨眼,意思叫我走开。我不知道是怎么回事,但见她身后几步远有一个高大的男人,穿着蓝布大褂,手提着一个脏了的长布口袋,口袋上露出来我看见是一把胡琴。

我想这一定是妞儿的爸爸。妞儿常说"我怕我爹打"、"我怕我爹骂"的话，我现在看那样子就知道，我不跟妞儿再说话了，就转身走回家，心里好难受。我口袋里有一块滑石，可以在砖上写出白字来，我掏出来，就不由得顺着人家的墙上一直画下去，画到我家的墙上。心里想着如果没有妞儿一起玩，是多么没有意思呢！

我刚要叫门，忽然听见横胡同里咚咚咚有人跑步声，原来是妞儿气喘着跑来了，她匆匆忙忙神色不安地说："我明儿再来找你。"没等我回答，她就又跑回横胡同了。

第二天早晨，妞儿来找我，我们在西厢房里，蹲下来看小油鸡。掀开藤箱盖子，我们俩都把手伸进去摸小油鸡的羽毛，这样摸着摸着，谁也没说话。我本来是要说话的，但是没有出声，只是心里在问她："妞儿，为什么好多天没来找我？""妞儿，是你爸爸很厉害不许你来吗？""妞儿，昨天为什么不许我跟你说话？""妞儿，你一定有什么难受的事吧？"真奇怪，这些话都是我心里想的，并没有说出口，可是她怎么知道的，竟用眼泪来回答我？她不说话，也不用袖子去抹眼，就让眼泪滴答滴答落在藤箱里，都被小油鸡和着小米吃下去了！

我不知怎么办好了，从侧面正看见她的耳朵，耳垂上扎了洞用一根红线穿过去，妞儿的耳朵没有洗干净，边沿上有一道黑泥。我再顺着她的肩膀向下看，手腕上有一条青色的伤痕，我伸手去撩起她的袖口看，她这才惊醒了，吓得一躲闪，随着就转过头来向我难过地笑笑。早晨的太阳，正照到西厢房里，照到她的不太干净的脸上，又湿又长的睫毛，一闪动，眼泪就流过泪坑淌到嘴边了。

忽然，她站起来，撩开袖口，撩起裤角，轻轻的说：

"看我爸爸打的！"

我是蹲着的，伸出手正好摸到她腿上那一条条肿起的伤痕。我轻轻地摸，倒惹得她哭出声音来了。她因为不敢放声，嘤嘤的小声哭，真是可怜。我说：

"你爸爸干吗打你?"

她当时说不出话来,哭了好一会儿才说:

"他不许我出来玩。"

"是因为在我家待太久了?"

妞儿点点头。

因为在我家玩久了,害得她挨打,我又难过,又害怕,想到那个高大的男人,我不由得说:

"那么你快回去吧!"她站着不动,说:

"他一早出去还没回来。"

"那么你妈呢?"

"我妈也拧我,她倒不管我出来的事。爸爸也打她。打了她,她就拧我,说是我害的。"

妞儿哭了一阵子好些了,又跟我说这说那的,我说我从来没有看过她的妈妈,妞儿说她的妈妈有点跛,一天到晚就是坐在炕头上给人缝补衣服赚钱。

我告诉妞儿,我们从前不住在北京,是从一个很远的岛上来的。她也说:

"我们从前也不住在这儿,我们住在齐化门那边。"

"齐化门?"我点点头说:"我知道那地方。"

"你怎么会也知道齐化门呢?"妞儿奇怪地问我。

我想不出我是怎么知道的,但我的确知道,好像有什么人大清早曾带我去过那里,而且我也像看见了那里的样子似的,不,不,不是,我所看见的很模糊,也许那是一个梦吧?因此我就回答妞儿说:

"我梦见过那个地方,有没有城墙?有一天,有一个女人抱着一个包袱,大清早上,偷偷地向城墙走去……"

"你是讲故事吧?"

"也许是故事,"我斜着头又深深地想了想。"反正我知道齐化门就

（左）老屋拆了一半，从一半中露出了皇城墙的"锯齿儿"。　上小学，常听"远看城墙像锯齿儿"，那是逗笑的话；今细看，果不其然。平民的逗笑话里，正藏着真朴和长久的观察。（摄于西城北长街）

（右）告别老屋。（摄于椿树下二条）

是了。"

妞儿笑了笑，手伸过来搂着我的脖子，我的手也伸过去搂住她的。但当我捏住她的肩头，她轻喊了一声："疼！疼！"

我的手连忙松开，她又皱着眉说："连这儿都给我抽肿了！"

"什么抽的？"

"掸子。"停了一下她又说："我爸，还有我妈，他们——"但她顿住不说下去了。

"他们怎么样？"

"不说了，下回再跟你说。"

"我知道，你爸爸教你唱戏，要你赚钱给他们花。"这是我听宋妈跟妈妈讲过的，所以一下子就给说出来了。"要你赚钱还打你，凭什么！"我说到后来气愤起来了。

"喝喝，你瞧你什么都知道，我不是要跟你说唱戏的事，你哪儿知道我要跟你说什么呀！"

"到底要说什么呢？说嘛！"

"你这么猴急，我就不说了。你要是跟我好，我有好多话要跟你说，就是不许你跟别人说，也别告诉你妈。"

"我不会，我们小声地说。"

妞儿犹豫了一会儿，伏在我的耳旁小声而急快地说：

"我不是我妈生的，我爸爸也不是亲的。"

她说得那样快，好像一个闪电过去那么快，跟着就像一声雷打进了我的心，使我的心跳了一大跳。她说完后，把附在我耳旁的手挪开，睁着大眼睛看我，好像在等着看我听了她的话，会怎么个样子。我呢，也只是和她对瞪着眼，一句话也说不出来。

我虽然答应妞儿不讲出她的秘密，可是妞儿走了以后，我心里一直在想着这件事，我越想越不放心，忽然跑到妈妈面前，愣愣地问：

"妈，我是不是你生的？"

废墟——《城南》不再是城南，它只在记忆里了。　六十年代，出于建设，我们失去了古城的城墙城楼；九十年代，还是出于建设，古城又失去了成片成片的胡同和四合院。甚至，连它们的废墟也不复存在了。这座古城，记载着先人们在当时历史的直接反应，它保留了先人的内在生活。遗弃了它们，意味着也将遗弃我们自己。（摄于宣武椿树北极巷〔原北极庵。北极庵横街并入〕东侧）

"什么?"妈奇怪地看了我一眼。"怎么想起问这话?"

"你说是不是就好了。"

"是呀,怎么会不是呢?"停一下妈又说:"要不是亲生的,我能这么疼你吗?像你这样闹,早打扁了你了。"

我点点头,妈妈的话的确很对,想想妞儿吧!"那么你怎么生的我?"这件事,我早就想问的。

"怎么生的呀,嗯——"妈想了想笑了,胳膊抬起来,指着胳肢窝说:"从这里掉出来的。"

说完,她就和宋妈大笑起来。


三

我手里拿着一个空瓶子和一双竹筷子,轻轻走进惠安馆,推开跨院的门,院里那棵槐树,果然又垂着许多绿虫子,秀贞说是吊死鬼,像秀贞的那几条蚕一样,嘴里吐着一条丝,从树上吊下来。我把吊死鬼一条条弄进我的空瓶里,回家去喂鸡吃,每天都可以弄一瓶。那些吊死鬼装在小瓶里,咕囊咕囊地动,真是肉麻,我拿着装了吊死鬼的瓶子,胳膊常常觉得痒麻麻的,好像吊死鬼从瓶里爬到我的胳膊上了,其实没有。

我在把一条吊死鬼往瓶里装的时候,忽然想到了妞儿,心里很不安。她昨天又挨揍了,拿了两件衣服偷偷的来找我,进门就说:

"我要找我亲爹亲妈去!"她的脸有一边被打得红肿了。

"他们在哪儿呢?"

"我不知道,到齐化门,再慢慢地找。"

"齐化门在哪儿呢?"

"你不是说你也知道那地方吗?"

"我是说我好像做梦梦见过那地方的。"

妞儿把两件衣服塞在西厢房的空箱子里,很有主意地抹干了眼泪,恨恨地说:

出门，就是对面老屋的后山墙。 "天安门之西，皇城之南，有门三，俗称南豁子，其中额曰南长街，民国元年所新辟也。入门而北，为南长街，又北为北长街""南长街之西，南曰猪肉下坡，今改为西大街。又西曰升平署，今为华北大学。稍北曰后铁门，再北曰大烟筒胡同，今改为大宴乐胡同。"——引自《燕都丛考》(摄于南长街大宴乐胡同〔西大街二条并入〕)

"我非找着我亲爹不可。"

"你知道他长得什么样子吗？"我真佩服她，但觉得这是一件太大太大的事。

"我一天一天地找，就会找到我亲爹跟我亲娘。他们的样子我心里知道。"

"那么——"我也不知道要说什么，因为我一点主意也没有。

妞儿临走的时候说，她不定哪天就要偷偷地走，但是一定会先来这里跟我说一声，并且带走存在这里的两件衣服。

我昨天一直在想妞儿的事，心里很不舒服，晚上就吃不下饭了，妈妈摸摸我的头说：

"好像有点热，不吃也好，早点去睡。"

晚风拂柳笛声残——倾颓的寺庵。 琉璃厂西街的尽头,站在一片瓦砾上对枯草丛生的黄碧瓦顶作了最后的注目。这是2003年4月发生的事情。《顺天时报纵谈》:"琉璃厂西门外,南、北分名为南、北柳巷,中有永光寺,相传为前明之古刹。先时一般书局及裱工作多僦居于此。厂西之对面为鹿犄角胡同,北极庵南口迤西则为青厂矣。北极庵亦名刹,内中奉祀玄帝。迤西则为后青厂,迤北则为兴盛寺,西则海波(北)寺街。"(摄于宣武琉璃厂西街〔原琉璃厂。瞿家胡同、丰家胡同、灯笼胡同、祝家胡同、存古胡同、周家胡同并入〕)

　　我上了床,心里还是不舒服,又说不出,就哭起来了。妈妈很奇怪,她说:

"哭什么?哪儿不舒服?"我不知怎么一来竟哭着说:

"妞儿她爸爸啊……"

"妞儿她爸爸?怎么啦?她爸爸怎么着你啦?"宋妈也过来了,她说:

"那个不是东西的,准是骂了我们英子了,还是打了你啦?"

"不是!"我忽然觉出我是说了什么糊涂话,便撒赖地哭喊着说:"我要找我爸爸!"

"是要找你爸爸呀!唉!吓人!"宋妈和妈妈都笑了。妈妈说:

"你爸爸今天去看你叔叔,回来得晚点儿,你先睡吧!"她又对宋妈说:"英子一生下来,她爸爸就给惯的,一不舒服,爸爸就抱着睡。"

"羞不羞?"宋妈用一个手指划我的脸,我不理她,转过脸去冲着墙闭上眼睛。

今天我早晨起来就好得多了,不像昨天那样不安心。但是现在又想起妞儿,手里不由得停止了捉虫子的工作,呆呆地想,不知道什么时候,妞儿就会离开我。

我把瓶子扔在树下,站起来走到窗下向里看。秀贞正在里屋床前的一个机凳上坐着,面向着床,我只看到她那小平板儿似的背影,辫子也没梳好。她比手划脚,又扬手哄苍蝇,其实哪儿有苍蝇?我轻轻地走进屋里,在外屋桌旁靠着,傻看她在干什么,只听她说:

"我准知道你昨儿晚上没吃饭就睡觉了,是不是?那怎么行!"

咦!真奇怪,秀贞怎么知道我昨晚没吃饭就睡觉了呢?我倚在里屋的门框说:

"谁告诉你的!"

"啊?"她回过头来看见我愁眉不展的样子,很正经地对我说:

"还用人告诉我吗?这碗粥一动也没动呀!"说完指着床旁茶几上的一个碗和一双筷子。

我这才知道秀贞说的不是我。自从天气暖和了,打开一向深闭的跨院门以后,秀贞就一天到晚在这两间屋里出出进进,说着那种我又懂、又不懂的话。最先我以为是秀贞跟我玩"过家家

有玻璃罩的煤油灯。 为了不隐没它造型的别致,我们将其安置在石墙上,背景是单纯灰白的天空。(摄于柏峪村)

儿",后来才又觉得不是假装的事情,它太像真事了!

秀贞又向着那空床发呆看了一会儿,转过头来,轻手轻脚地拉着我走到屋外来,小声地说:

"睡着了,让他睡去吧!这一场病也真亏他,没亲没故的!"

外屋书桌上摆着那缸春天买的金鱼,已经死了几条,可是秀贞还是天天勤着换水,玻璃缸里还加了几根水草,红色的鱼在绿色的水草中钻来钻去,非常好玩。我怎么知道鱼是红的草是绿的呢?妈妈教过我,她说快考小学了,老师要问颜色,要问住在哪儿,要问家里有几个人。秀贞还养了一盒蚕,她对我说过:

"你要上学,我们小桂子也该上学了,我养点蚕,吐了丝,好给小桂子装墨盒用。"

有几条蚕已经在吐丝了,秀贞另外把它们放在一个蒙了纸的茶杯上,就让它们在那纸上吐丝。真有趣,那些蚕很乖,就不会爬到茶杯下面来。另外的许多蚕还在吃桑叶。

秀贞在打扫蚕屎,她把一粒粒的蚕屎装进一个铁罐里,她已经留了许多,预备装成一个小枕头,给思康三叔用。因为他每天看书眼睛得保养,蚕屎是明目的。

我在旁边静静地看着鱼缸,看着吐丝,院子里的树,正靠在窗下,这屋里阴凉得很,我们俩都不敢大声说话,就像真的屋里躺着一个要休息的病人。

秀贞忽然问我:

"英子,我跟你说的事记住没有?"

我一时想不起是什么事,因为她对我说过的事,真真假假的太多了。她说将来要我跟小桂子一块儿去上学,小桂子也要考厂甸小学。她又告诉我从厂甸小学回家,顺着琉璃厂直到厂西门,看见鹿犄角胡同雷万春的玻璃窗里那对大鹿犄角,一拐进椿树胡同就到家了。可是她又说过,她要带小桂子去找思康三叔,做了许多衣服和鞋子,行李都打点好了。

原北平师范大学旧址——教学行政区的平房。现在,它是宣武区教育系统离退休老干部活动站和教育工作者协会,总算幸运,旧址有了一个较为合适的归宿吧。这小平房斜对着的,正是师大的图书馆海音先生工作过的图书馆。(摄于北新华街)

我最记得秀贞说过的话,那是她讲的生小桂子的那回事。有一天,我早早溜到这里找秀贞,她看见我连辫子都没梳,就端出梳头匣子来,从里面拿出牛角梳子,骨头针,和大红头绳,然后把我的头发散开来,慢慢地梳。她是坐在椅子上的,我就坐在小板凳上,夹在她的两腿中间,我的两只胳膊正好架在她的两腿上,两只手摸着她的两膝盖,两块骨头都成了尖石头,她瘦极了。我背着她,她问我:

"英子,你几月生的?"

"我呀?青草长起来,绿叶发出来,妈妈说,我生在那个不冷不热的春天。小桂子呢?"秀贞总把我的事情和小桂子的事情连在一起,所以我也就

(左)原北平师范大学旧址——教学行政区小灰砖楼。　为了海音先生，我和我的助手高萍寻访到了她曾经工作过的北京师大，尽管这里早已不是师大，甚至没人知道这里原是师大。图中所摄，依邓云乡《文化古城旧事》关于师大的描述，让我们认出了许多。"在这组建筑群（教学楼）的北面，偏东一组小灰砖楼及平房，是教学行政区，校长室、秘书、教务、庶务等处都在这里。正北平房院落，有小门进出，是女生宿舍。在西北隅，是饭厅、大厨房，饭厅南面……迎面墙上挂红木镜框，里面是碗口大的正楷写着朱柏庐《治家格言》的句子：'一粥一饭，当思来之不易；半丝半缕，恒念物力唯艰'……"（摄于北新华街）

(右上)北师大院落，虬枝泡桐。　师大历史，可上溯到"京师大学堂师范馆"，那是光绪二十八年（1902）的事了。邓云乡写道：其后改名"北京高等师范学校"，简称"北京高师"。正名"北平师范大学"是在1932年的秋季。首任校长范源濂氏，字静生，湖南湘阴人，是早期教育家，在美国考察后回来接任。师大校址，在和平门外新华街右侧，是清末的一块空地，琉璃厂窑的旧址。《鲁迅日记》1932年11月27日记云："午后往师范大学讲演。"（摄于北平师范大学旧址）

(右下)北师大平房宿舍的铁皮水漏。　千万别小看了，这普通的水漏管道，用材厚实，方是方，圆是圆，接口严谨，扣环坚牢，历尽百年风雨侵蚀而挺立不毁，配设在这灰色朴实的砖墙上。建筑的一角，折射着一个有大师存在的严谨治学的文化时代。林海音的伴侣夏承楹，在此大学外文系毕业。（摄于北新华街）

一下子想起小桂子。

"小桂子呀，"秀贞说。"青草要黄了，绿叶快掉了，她是生在那不冷不热的秋天。那个时光，桂花倒是香的，闻见没有？就像我给你搽的这个桂花油这么香。"她说着，把手掌送到我的鼻前晃一晃。

"小——桂——子。"我吸了吸鼻子，闻着那油味，不由得一字字的念出来，我好像懂得点那意思。

秀贞很高兴的说：

"对了，小桂子，就是这么起的名儿。"

"我怎么没看见桂花树？这里哪棵树是桂花？"我问。

"又不是在这屋子里生的！"秀贞已经在编我的辫子了，辫得那么紧，拉得我的头发根怪痛的，我说：

"为什么用这么大的力气呀？"

"我当时要是有这么大力气倒好了。我生了小桂子，浑身都没劲儿，就昏昏沉沉地睡，睡醒了，小桂子不在我身边了。我睡觉时还听见她哭，怎么醒了就没有了呢？我问，孩子呢？我妈要说什么，我姊儿接过去了，她瞥了我妈一眼，跟我和和气气地说：你的身子微，孩子哭，在你身边吵，我抱到我屋去了。我说，噢。就又睡着了。"秀贞说到这儿停住了，我的辫子已经扎好，她又接着说：

"彷佛我听我妈对我姊说：不能让她知道。真让人纳闷儿，到底是怎么档子事儿？我怎么到这儿就接不下去了呢？是她们把孩子给——？还是扔——绝不能够！绝不能够！"

我已经站起来，脸冲着秀贞看，她皱着眉头，正呆呆地想。她说话常常都会忽然停住了，然后就低声地说"真是让人纳闷儿，到底是怎么档子事儿"的话。她收梳头匣子的时候，我看见我送小桂子的手表在匣子里，她拿起手表，放在掌心里，又说：

"小桂子她爹也有个大怀表，可是当了，当了那个表，他才回的家，这份穷，就别提了！我当时就没告诉他我有了，反正他去个把月就回来。他跟我妈说,放心,他回家卖了山底下的白薯地,就到北京来娶我。千山万水,走一趟也不容易,我要是告诉他我有了,不也让他惦记着!你不知道他那情意多深!我也没告诉我妈我有了,说不出口,反正人归了他了,等嫁了再说也不迟……。"

"有了什么?"我不明白。

"有了小桂子呀!"

"你不是刚说什么没有了吗?"我更不明白。

"有了,没了,有了,没了,小英子,你怎么跟我乱扰?你听我给你算。"她把我给小桂子的表收起来,然后用手指捏着算给我听:

"他是春天走的。他走的那天,天儿多好,他提着那口箱子,都没敢多看我,他的同乡同学,有几个送他到门口儿的,所以他就没好再跟我说什么。好在头天晚上我给他收拾箱子的时候,我们俩也说得差不多了。他说,惠安的日子很苦,有办法的都到海外谋生去了,那儿的地不肥,不能种什么,白薯倒是种了不少。他们家,常年吃白薯,白薯饭,白薯粥,白薯干,白薯条,白薯片,能叫外头去的人吃出眼泪来。所以,他就舍不得让我这个北边人去吃那个苦头儿。我说可不是,我妈就生我独一个女儿,跟你去吃白薯,她怎么舍得!他说,你是个孝女,我也是个孝子,万一我母亲扣住了我,不许我再到北京来了呢?我说,那我就追你去。

"送他到门口,看他上了洋车,抬头看看天,一块白云彩,像条船,慢慢儿地往天边儿上挪动,我彷佛上了船,心是飘的,就跟没了主儿似的。

"我送他出去,回到屋里来,恶心要吐,头也昏,有点儿后悔没告诉他这件事,想追出去,也来不及了。

"日子一天天地挨,他就始终没回来,我肚子大了,瞒不住我妈,她急得盘问我,让我说不出道不出的,可是我也顾不得害臊了,就告诉了我妈。我说,他总有一天回来,他不回来,我去!我妈听了拿手堵住我的嘴,直说:姑娘,可别这么说了,这份丢人呀!他真要是不回来,咱们可不能嚷嚷出去。就这么,把我送回了海甸。

"小桂子生下来,真不容易,我一点劲儿都没有,就闻着窗户外头那棵桂花树吹进来的一阵阵香气,我心说,生个女的就叫小桂子。接生的姥娘婆叫我咬住了辫子,使劲,使劲,总算落了地,呱呱呱,哭声好大呀!"

秀贞说到这儿,喘了一大口气,她的脸色变青了,故事接不下去,就随便说了,她说:

"小英子,你不心疼你三婶吗?"

"谁是三婶?"

"我呀!你管思康叫三叔,我就是你三婶,你还算不过这帐来。叫我一声。"

"嗯——"我笑了,有些难为情,但还是叫了她:"三婶。秀贞。"

"你要是看见小桂子就带她回来。"

"我怎么知道小桂子什么样儿?"

"她呀,"秀贞闭上眼睛想着说:"粉嘟嘟的一个小肉团子,生下来我看见一眼了,我睡昏过去那阵儿,听我妈跟姥娘婆说,瞧!这真是造孽,脖子后头正中间儿一块青记,不该来,非要来,让阎王爷一生气用手指头给戳到世上来的!小英子,脖子后头中间有指头大一块青记,那就是我们小桂子,记住没有?"

"记住了。"我糊里糊涂地回答。

那么,她现在问我说的事记住没有,就是这件事吗?我回答她说:"记住了,不是小桂子那块青记的事吗?"

秀贞点点头。

秀贞把桌上的蚕盒收拾好,又对我说:

"趁着他睡觉,咱们染指甲吧。"她拉我到院子里。墙根底下有几盆花,秀贞指给我看,"这是薄荷叶,这是指甲草。"她摘下来了几朵指甲草上的红花,放在一个小瓷碟里,我们就到房口儿台阶上坐下来。她用一块冰糖在轻轻的捣那红花。我问她:

"这是要吃的吗?还加冰糖?"

瓦顶上冬日闲置的花盆。 那花盆大约是放在墙根儿底下的。种的什么?"这是薄荷叶,这是指甲草。"——林海音《城南旧事》(摄于西单西绒线胡同)

秀贞笑得呵呵的,说:

"傻丫头,你就知道吃。这是白矾,哪儿来的冰糖呀!你就看着吧。"

她把红花朵捣烂了,要我伸出手来,又从头上拿下一根夹子,挑起那烂玩意儿,堆在我的指甲上,一个个堆了后,叫我张着手不要碰掉,她说等它们干了,我的手指甲就变红了,像她的一样,她伸出手来给我看。

我的手,张开了一会儿,已经不耐烦了,我说:

"我要回家去了。"

"你回家非弄坏了不可,别走,听我给你讲故事儿。"她说。

"我要听三叔的故事儿。"

"小声点儿,"她向我摆手,轻轻地说:"让我先看看他醒过来没有,他要不要喝水。"她进去了一下,又出来了,坐下后,手支撑在大腿上托着下巴颏儿,忽然向着槐树发起呆来。

"说呀!你。"我说。

她惊了一下,"嗯?"好像没听见我的问话,但跟着眼泪掉下来了,"还说呢,人都没影儿了,都没影儿了!老的!小的!"

我一声不响,她自己抽抽噎噎地哭了一会儿,才又大喘了一口气,望我笑了,那泪坑!我就觉得在什么地方看见过秀贞这个人,这个脸。

秀贞用手指抹抹泪,拉过我的手托在她的手上,这样,我就轻松点,不觉得张开染指甲的手很累了。她又侧起身子看着跨院门,好像在张望什么人。她自言自语地说:

"就是这时节他来的,一卷铺盖,一口皮箱,搬进了这小屋里。他身穿一件灰大褂,大襟上别着一枝笔。我正在屋里没打扫完呢!爹领他进来的,对

绿的婆娑,绿的缠绕。 院里,天棚的藤蔓跑到了墙上屋上,墙上的爬山虎跑上了天棚,我就喜欢这乱劲儿,这乱里透着生机,透着淘气,透着要满天满地。(摄于宣武椿树南柳巷胡同52号)

沉甸甸活泼泼地生活。　山墙影壁上，有数字的圆圈，这自然是孩童投球游戏的靶环；还有靠在一边的杆杆，斜缠着红、白相间布条，是逛庙会买的刀枪；还有修房的木梯、支凉棚的竹竿、装菜的藤筐，以及一直悬挂在过道儿那盏古老的灯伞。生活不容易。（摄于机织卫胡同〔原集祉卫、济州卫〕）

他说，'会馆里正院房子都住满了，陈家二老爷让给您腾出这两间小屋来。'他说：'好，好，这样就很好。'爹给他打开行李，把那床又薄又旧的棉被摊开，我心想，他怎么过这北京的大冷天？小英子，住在会馆念书的学生，有几个有钱的？有钱的就住公寓去了。我爹常说，想当年，陈家二老爷上京来考举，还带着个小碎催伺候笔墨呢？二老爷中了举，在北京做官，就把这间会馆大翻修了一回，到如今，穷学生上京来念书，都是找着二老爷说话。二老爷说，思康是他们乡里的苦学生，能念出书来，要我们把堆煤的这两间小屋收拾了给他住。

"我还在赶着擦玻璃呢，没正眼看他。我爹对他说，这床被呀！过不了冬。爹真爱管人家的事，他准是不好意思了，就乱嗯嗯啊啊地没说出什么来。爹又问他在哪家学堂，他说在北京大学，喝！我爹又说了，这趟不近，沙滩儿去了！可是个好学堂呀！

"爹帮着他收拾好了那几件破行李，就出去了，临走看见我还在擦玻璃，

几百年历史的一条胡同,只剩一屋,立此存照。屋前有二株椿树,初露嫩叶。 "自兵部洼而西,绒线胡同以南,曰旧帘子胡同、新帘子胡同,曰后细瓦厂,前细瓦厂。再南即为半壁街,其间之小胡同,曰井楼胡同,曰八宝胡同,曰坛子胡同。又西为北新华街,原名东沟沿,西为板桥,北与西长安街相接,南与和平门相接,为民国间新辟之南北通衢。"东沟沿,明(代)旧沟。时有积水,后沟沿添平,辟为北新华街。(摄于西旧帘子胡同9号)

他说,行啦,姑娘。我跟出来了,回头看了他一眼,谁知道他也正抬眼看我呢!我心里一跳,迈门坎儿差点摔出去!看他那模样儿,两只眼儿到底有多深!你还没看清楚他,他就把你看穿了。回到屋里来,我吃饭睡觉,眼前都摆着他的两只那么样看人的眼睛。这就是缘分,会馆一年到头,来来往往的大学生多得是,怎么我就——我就,……咳!"

秀贞的脸微微红涨,抬起我的手,看我染的指甲干了没有,她轻轻地吹着我的指甲,眼皮垂下来,睫毛像一排小帘子,她问我:

"小英子,你明白了吗?缘分。"她并不一定要我回答她,我也没打算回答她,只是心里想着,这样的长睫毛,有一个人也有的,我想到西厢房我那位爱哭的朋友了。秀贞又接着唠叨:

"我天天给他送开水去,这件事本该是我爹做的。早晚两趟,我们烧了大壶开水,送到各屋里给先生们洗脸、泡茶。爹走惯了正院,就是把跨院给忘了。有时候思康就自己到我们窗根底下来要。'长班。'他就是这么轻轻叫一声,'有滚水吗?'爹这才想起来,赶紧给人家补送去。有时爹倒是没等叫就想起来了,可是他懒得再走,就支使我去。一来二去,这件差事——到跨院送开水,仿佛就该是我做的了。

"我送水,一句话也没跟他说过,我进了屋,他在书桌前坐着,就着灯看书呢,写字呢,我就绷着脸儿,打开那茶壶盖儿,刷——的,就听见开水灌进壶的声儿。他胆子小着呢,连眼都不敢斜过来,就那么搭拉着眼皮坐着。有一天,我也好新鲜,往前挪了一步,微探着身子看他写什么,谁知他也扭过头来了,说:'认得字吗?'我摇了摇头。打这儿起,我们俩就说话了。"

"那时小桂子在哪儿呢?"我忽然想起这个跟秀贞有关系的人。

"他呀!"秀贞笑了。"还没影儿呢!对了?小桂子到底哪儿去了?你给找着没有?那是我们俩的命根子呀!我还没跟你说完呢,他有一天拉起我的手,就像我这么拉你的手,说:'跟了我吧!'他喝了点儿酒,我也迷糊了,他喝酒是为的取暖,两间屋子,生一个小火,还时有时无的。那天风挺大,吹得门框直响,我爹跟我娘回海甸取地租去了,让舅妈来陪我,她睡着了,我就溜到这跨院里来。他的脸滚烫,贴着我的脸,他说了好多话,酒气薰着我,我闻也闻醉了。

"他常爱喝点儿酒,驱驱寒意,我就偷偷地买了半空儿花生,送到他的屋里来,给他下酒喝。北风打着窗户纸,响得吹笛儿似的。我握着他的手,暖乎乎的两个人,就不冷了。

"他病了,我一趟趟地跑,可瞒不住我妈了。那天我端着粥,要送给他吃,妈说:'避点儿嫌疑,姑娘,懂得不懂得?'我一声也没言语。"

我从秀贞的眼里,仿佛看见了躺在屋里床上的思康三叔了;他蓬着头发,喝水也没力气,吃饭也没力气,就哼哼着。

"后来呢?好了没有?"我不由得问。

"不好怎么走的？我可要倒下了！原来是小桂子来了！"

"在哪儿？"我转回头去看跨院门，并没有人影儿。在我的幻想中，跨院门边，应当站着一个女孩子；红花的衫裤，一条像狗尾巴似的黄毛辫子，大大的眼睛，一排小帘子似的长睫毛，一闪一闪的，在向我招手呢！我头有点昏，好像要倒下来，闭了一下眼睛，再睁开，门那边，果然有个影子，越走越近了，那么大的一个东西，原来——原来是秀贞的妈正向我招手，她说：

"秀贞，怎么让小英子在太阳儿里晒着？"

"刚才这地方没太阳。"秀贞说。

"快挪开，这边儿不是有阴凉儿吗？"秀贞的妈过来拉起我。

那幻影在我眼中消失了，我忽然又想起秀贞还没讲完的故事。我说：

"妞儿，不，小桂子在哪儿呢？你刚说的？"

秀贞噗哧笑了，指着她的肚子：

"在这儿呢，还没生呢！"

秀贞的妈是来这院里晾衣服的。一根绳子从树枝上牵到墙那边，她正一件件地往上晾。

秀贞看了说：

"妈，裤子晾在靠墙边儿去吧，思康出来进去的不合适。"

王妈骂说：

"去你的！"

秀贞被她妈妈骂一句，并不生气，又对我说：

"我妈倒是也疼思康，她跟我爹说，咱们没儿子，你这老东西又没念过书，有个读书识字的人在咱们家也是好事儿。我爹这才答应了。我刚才说到哪儿啦！噢，他好了，我不是病了吗？他就说都是他害的我，他不是说要娶我教我念书吗？就在这时候，他家里来了电报，他妈病了，叫他赶快回去。……"

"小英子，"王妈忽然截住秀贞的话，对我说："你怎么那么爱听她那颠三倒四的废话？也真怪，小孩子都怕她，躲着她，就是你不。"

晾衣服。　　多有缘分，画面碰上了她的文字："一根绳子从树枝上牵到墙那边，她正一件件地往上晾。"——林海音《城南旧事》（摄于西旧帘子胡同）

"妈，你别搅，我这儿还没说完呢！我还有事托小英子呢！"

老王妈不理她，只顾对我说：

"小英子，该回去了，刚才我听见宋妈在胡同里叫你，我不敢说你在这儿。"

老王妈说完拿着空盆走了。秀贞看见她妈妈走出了跨院门，才又说："思康这一去，有……"她搬着手指头算："有一个多月了，有六年多了，不，还有一个多月就回来，不，还有一个月我就生小桂子了。"

不管是六年，还是一个多月，秀贞跟我一样的算不清楚。她这时把我的手拿起来看看，就把指甲上的干烂花剔开，哟，我的指甲都是红的了！我高兴极了，直笑直笑，摆弄我的手。

"小英子，"她又低声说："我有件事托你，看见小桂子就叫她来，一块

（左）**烟雨京华**。　（摄于正阳门箭楼东侧）

（右）**秋雨秋叶**。　北海，是元、明时代皇城内苑太液池的北部，1925年正式辟为公园。（摄于北海琼华岛）

儿找她爹去，我们要是找到她爹，我病就好了。"

"什么病？"我看着秀贞的脸。

"英子，人家都说我得了疯病，你说我是不是疯子？人家疯子都满地捡东西吃，乱打人，我怎么会是疯子，你看我疯不疯？"

"不，"我摇摇头，真的，我只觉得秀贞那么可爱，那么可怜，她只是要找她的思康跟妞儿——不，跟小桂子。

"他们怎么都走了不回来了呢？"我又问。

"思康准是让他妈给扣住了。小桂子呢，我也纳闷是怎么档子事儿，没在海甸，没在我姊儿屋里。我一问，妈急了，说：'扔啦！留那么一个南蛮子种儿干吗？反正他也不回来了，坑人！'我一听，登时就昏倒了，醒了，他们就说我是疯子。小英子，我千托万托你，看见小桂子就带她来，我什么都预备好了。回去吧。"

我听愣了，脑子里好像有一幅画，慢慢越张越大，我的头也有点不舒服似的，我一边答应："好好，好好。"一边跑出跨院，跑出惠安馆，一路踢着小石块，看着我手上的红指甲，回到了家。

四

"看你脸晒得那么红！快来吃饭。"妈妈看见我满头大汗地回来，并没有太责备我。

但是我只想喝水，不想吃饭，我灌了几杯凉开水下去，坐到饭桌上，喘着气，拿起筷子，可是看我自己的指甲玩。

"谁给你染的？"妈问。

"小妖精，小孩子染指甲，做唔得！"爸爸也半生气地说。

"谁给你染的？"妈又问。

"嗯——"我想了一下。"思康三婶。"我不敢，也不肯说秀贞是疯子。

远去了,我望着;看不见影了,我,仍望着。 "长亭外,古道边,芳草碧连天,晚风拂柳笛声残,夕阳山外山。天之涯,地之角,知交半零落,一瓢浊酒尽余欢,今宵别梦寒。"——李叔同词曲《送别》(摄于西郊八角村)

"跑到外面去认什么阿叔阿姊!"妈给我挟了一碟子菜,又对我说:"你叔叔说,还有一个月就要考小学了,你到底会数到什么数了?算算看,不会数就考不上的。"

"一,二,三……十八,十九,二十,二十六……"我的脑筋实在有些糊涂,只想扔下筷子去床上躺一会儿,但是我不肯这样做,因为他们会说我有病了,不许我出去。

"乱数!"妈瞪了我一眼。"听我给你算,二俗,二俗录一,二俗录二,二俗录三,二俗录素,二俗录五,……"

在旁边伺候盛饭的宋妈首先忍不住笑了,跟着我和爸爸都哈哈大笑起

来,我趁此扔下筷子,说:

"妈,你的北京话,我饭都吃不下了,二十,不是二俗;二十一,不是二俗录一;二十二,不是二俗录二……"

妈也笑了,说:

"好啦好啦,不要学我了。"

我没有吃饭,爸妈都没注意。大概刚才喝了凉开水,人好些了,我的头已经不晕了。爸妈去睡午觉,我走到院子里,在树下的小板凳上坐着,看那一群被放出来的小油鸡。小油鸡长得很大了,正满地地啄米吃。树上蝉声"知了知了"的叫,四下很安静。我捡起一根树枝子在地上画,看见一只油鸡在啄虫吃,忽然想起在惠安馆捉的那瓶吊死鬼忘记带回来。

我虽然这样想着,但是竟懒得站起身来,好像要困了,不由得闭上了眼睛,随着俯下身子来;两手抱住头,深深地埋在大腿上。

在这像睡不睡的梦中,我的眼前一片迷乱;在跨院的树下捉蚕,吊死鬼在玻璃瓶里蠕动着,一会儿又变成了秀贞屋里桌上的蚕,仰着头在吐丝,好像秀贞把蚕放在胳膊上爬,一发痒,猛睁开眼抬起头来看,原来是两只苍蝇在我的胳膊上飞绕。我扬扬手轰开苍蝇,又埋头睡下了。这回是一盆凉水,顺着我的脊背浇下来,凉飕飕的,我抱紧了头,不行,又是一盆凉水从脖子上灌下来,又凉又湿,我说冷啊!旁边有人咯咯地笑,我挣扎着站起来,猛下子醒了,睁开眼,闹不清这是什么时候了?因为天好像一下子暗了,记得我坐在这里的时候是有太阳光的呀!站在我面前的是妞儿,她在笑,我还觉得脊背是湿的冷的,用手背向后面去摸,却又不是湿的。但身上还是有些凉意,不禁打了一个哆嗦,随着又打了两个喷嚏,妞儿笑容收敛了,说:

"你怎么了？傻乎乎的，睡觉直说梦话。"

我好像还没醒过来，要站不住，便赶快又坐下来。这时雷声响了，从远处隆隆地响过来。对面的天色也像泼了墨一样的黑上来，浓云跟着大雷，就像一队黑色的恶鬼大踏步从天边压下来。起了微微的风，怪不得我身上觉得凉。我不由得问妞儿说：

"你冷不冷？我怎么这么冷。"

妞儿摇摇头，惊疑地看着我，问：

"你现在的样子真特别，好像吓着了，还是挨打了？"

"没有，没有，"我说。"我爸爸只打我手心，从来不会像你爸爸，打你那么凶。"

"那你是怎么了呢？"她又指指我的脸："好难看啊！"

"我一定是饿的，中午没吃饭。"

这时候雷声更大了，好大的雨点滴落下来，宋妈到院子来收衣服，把小鸡赶到西厢房里。我和妞儿也跟着进来。宋妈把小鸡扣好在鸡笼里，就又跑出去，嘴里还说着：

"要下大雨了，妞儿回不去了。"

宋妈出去了以后，可不是雨立刻下大了。我和妞儿倚着屋门看下雨。雨声那样大，哗哗巴巴地打落在砖地上，地上的雨水越来越多了，院子犄角虽然有一个沟眼，但是也挤不下那么多的雨水。院子的水涨高了，漫过了较低的台阶，水溅到屋门来，溅到我们的裤脚上了，我和妞儿看这凶狠的雨水看呆了，眼睛注视着地上，一句话也不讲。忽然妈妈在北屋的窗内向我说话又扬手，话我听不见，扬手的意思是叫我们不要站在门口被雨溅湿了。我和妞儿便依着妈妈的手势进屋来，关上了门，跑到窗前向玻璃外面看。

"不知道要下多久？"妞儿问。

"你可回不去了。"我说完，连着又打了两个喷嚏。

我望着屋里，想找个地方倒下来，最好有一床被让我卧在里面。屋里虽然有个旧床铺，但是床上堆了箱子和花盆，而且满是灰尘。我受不住了，不

古道关隘。 "相逢狭路间,道隘不容车。" ——古乐府《相逢行》(摄于香山)

由得走向床那边去,靠在箱子上。忽然想起妞儿存在空箱里的两件衣服,打开拿了出来。

妞儿也过来了,她问:

"你要干吗?"

"帮我穿上,我冷了。"我说。

妞儿笑笑说:

"你好娇啊!下一点雨,就又打喷嚏,又要穿衣服的。"

她帮我穿上一件,另一件我裹在腿上。我们坐在一块洗衣板上,挤在墙角,这样我好像舒服一些。但是妞儿却心疼被我裹在腿上的衣服,说:

"我就这两件衣服,别给我拉扯坏了呀!"

"小气鬼,你妈给你做了好多衣服呢!借我一件都舍不得!"也许我的头又发晕,不知怎么,嘴里说妞儿的妈,心里可想到秀贞屋里炕桌上一包小桂

子的衣服。

妞儿瞪大了眼,指着她自己的鼻子说:

"我妈?给我做好多衣服?你睡醒了没有?"

"不是,不是,我说错了,"我仰起头,靠在墙上,闭上眼,想了一下才说:"我是说秀贞。"

"秀贞?"

"我三婶。"

"你三婶,那还差不多,她给你做了好多衣服,多美呀!"

"不是给我做,是给小桂子做的。"我转过头,对着妞儿的脸看,她的一个脸,被我看成两个脸,两个脸又合成一个脸。是妞儿,还是小桂子,我分不清了,我心里想的,有时不是我嘴里说的,我的心好像管不住我的嘴了。

"干吗这么瞪我?"妞儿惊奇地把头略微闪躲了我一下。

"我在想一个人,对了,妞儿,讲讲你爸跟你妈的故事吧!"

"他们有什么可讲的!"妞儿撇了一下嘴。"我爸爸在前清家有皇上的时候,不用做事一天到晚吃喝玩乐,后来前清家没有了,他就穷了,又不会做事,把钱花光了,就靠拉胡琴赚钱,他教我唱戏,恨不得我一下子就唱得跟碧云霞那么好,那么赚钱。——嘿!小英子,我现在上天桥唱戏去了,围一

(左)协和医院的大门一侧兼传达室。　地上石杵圆朴硕大,用以护墙;壁灯、黑褐铸铁的框架,固住那透光的玻璃,挺像不畏风雨的马灯在黑夜为患病求医的人照亮。协和医院为协和医学院的教学医院,名誉中外。1906年,美英六个宗教团体在北京创办了协和医院,1915年由美国洛克菲勒驻华的基金会接办,改名协和医科大学,1929年更名协和医学院,并获中国政府教育部认可立案。(摄于东单协和医院大门)

(右)协和医院大门的把环。　把环拙重,我掀动了一下,相信它还可以在这里站岗百年。环纹雕刻的,是丰满的谷粒还是繁茂的叶片?环的底部又有交叉的系带,是花环抑或是花圈?也许它是这些,又不是这些,它就是一个你永远猜不出的象徵——安置在这所中国最好的医院的大门上。透过橄榄色厚重的栅栏大门,我们看见了院内的石阶,宽平的,灰白色的。是不是"1933年5月13日,含英和承楹在东单三条的协和医院礼堂结婚",新娘新郎就是从这台阶走上去的呢?没错!看那台阶,至今还染着和煦的阳光。(摄于东单协和医院大门)

圈子人听,唱完了我就捧着个小箩筐跟人要钱,一要钱人都溜了,回来我爸爸就揍我!他说,给钱的都是你爷爷,你得摆个笑脸儿,瞧你这份儿丧!说着他就拿棍子抡我。"

"你说的那个碧云霞也在天桥唱呀?"

"哪儿呀!人家在戏园子里唱,城南游艺园,离天桥也不远,听碧云霞的才都是大爷哪!可是我爸爸常说,在戏园子唱的,有好些是打天桥唱出来的。他就逼着我学,逼着我唱。"

"你不是也很爱唱吗?怎么说是他逼的?"

"我爱随我自己,愿意唱就唱,愿意给谁听就给谁听,那才有意思。就比如咱们俩在这屋里,我唱给你听。"

是的,我想起刚认识妞儿的那天,油盐店的伙计要她唱,她眼睛含着泪的那样子。

"可是你还得唱呀!你不唱赚不了钱怎么办!"

"我呀,哼!"妞儿狠狠地哼了一声。"我还是要找我亲爹亲妈去!"

"那么你怎么原来不跟你亲爹亲妈在一起呢?"这是我始终不明白的一件事。

"谁知道!"妞儿犹豫着,要说不说的样子。外面的雨还是那么大,天像要塌下来,又

医院走廊的门半开着,走出来的将是谁? "1941年11月25日,含英在协和医学院生下她和承楹的第一个孩子,一个健康的男婴。孩子一生下来,夏承楹立即从医院打电话回家禀告母亲,老太太马上叫人点炷香,朝着院子谢菩萨保佑……""男婴依夏家'祖'字辈排,取名夏烨"——夏祖丽《林海音传》(摄于东单协和医院大门)

像天上有一个大海的水都倒到地上来。

"有一天,我睡觉了,听我爸跟我妈吵架。我爸说:'这孩子也够拗的,嗓门儿其实挺好,可是她说不玩就不玩,可有什么办法呢!'我那瘸子妈说:'你越揍她,越不管事儿。'我爸说:'不揍她,我怎么能出这口气!捡来的时候还没冬瓜大,我捧着抱着带回家,而今长得比桌子高了,可是不由人管了。'我妈说:'你当初把她捡回来就错了主意,跟亲生亲养的到底不一样,说老实话,你也没按亲生的那么疼她,她也不能拿你当亲爹那么孝顺。'我爸叹了口气,又说:'一晃儿五、六年了!我那天也真邪行,走到齐化门脸儿屎急了。'我妈说:'是呀,你说一大早儿捡点煤核来烧,省得让人看见怪寒蠢的,每天你不都是起来先出恭后才漱口洗脸吗?那天你忙得没上茅房,饶着煤核没捡回来,倒捡了个不知谁家私生的小崽子来。'我爸又说:'我想着找城根底下蹲蹲吧,谁知道就看见个小包袱了呢!我先还以为我要发邪财,打开一看,敢情是她,活玩意儿,小眼还咕噜咕噜直转那!'我妈妈说:'哼!你而今打算在她身上发财,赶明儿唱得跟碧云霞那么红,可不易。'……"

我又闭上眼睛,仰头靠着墙听妞儿絮絮叨叨地说,我好像听过这故事,是谁讲的呢?还说大清早就把那孩子裹包裹包扔到齐化门城根去?也许我是做梦,我现在常常做梦,宋妈说我白天玩疯了晚饭又吃撑了,才又咬牙又撒吃挣的。是吗?我就闭着眼问妞儿:

"妞儿,你跟我说了好几遍这故事啦!"

"胡说,我跟谁也没说过,我今儿头一回跟你说。你有时候糊里糊涂的,还说要上学呢!我瞧你考不上。"

"可是,我真是知道的呀!你生的那时候,正是青草要黄了,绿叶快掉了,那不冷不热的秋天,可是窗户外头倒是飘进来一阵子桂花的香气。……"

妞儿推推我,我睁开眼,她奇怪地问:

"你在说什么?是不是又睡着了撒吃挣?"

"我刚才说了什么?"我有些忘了,刚才也许是在梦中。

妞儿摸摸我的头,我的胳膊,她说:"你好烫啊!衣服穿多了吧!把我的衣服脱下来吧!"

"哪里热,我心里好冷啊!冷得我直想打哆嗦!"我说着,看自己的两条腿,果然抖起来。

妞儿看看窗外说:

"雨停了,我该回去了。"

她要站起来,我又拉住她,搂住她的脖子说:

"我要看你后脖子上的那块青记,小桂子,你妈说你后脖上有块青记,让我找找……"

(左)庭院。 "我们的婚礼是在协和医院礼堂举行的。那里的气氛我最喜欢。礼堂的台前阶层上,装饰着一列列的花草,一层麦冬草,一层各色的花。一条长长的红地毯直通到台上去……"——林海音《婚姻的故事》 (摄于协和医院一庭院)

(右)东单三条北京协和医院的屋顶。 "飞机在四方的北平城绕了一个圈子,她最后一瞥协和医院的绿琉璃瓦屋顶,'心颤抖着,是一种离开多年抚育的乳娘的滋味。'"——夏祖丽《林海音传》 (摄于协和医院内)

妞儿略微地挣开我,说:"你怎么今天总说小桂子小桂子的?你现在这样儿,就像我爸喝醉了说胡话一样!"

"是呀!你爸爸就爱喝口酒,冬天为的驱驱寒意,那天风挺大,你妈给他打了点儿酒又买了半空儿花生。……"

我糊里糊涂地说着,拉开妞儿那条狗尾巴小辫儿,可不是,可不是,恍恍惚惚的,我看见在那杂乱的黄头发根里面,中间是有一块指头大的青记。我浑身都抖起来了。

妞儿把她的脸贴在我的脸上,惊奇地说:

"你怎么啦?你的脸好热啊!都红了,是不是病了?"

"没有,我没病。"我这时精神起来了,但是妞儿把我搂在她的怀里,我正好看到妞儿尖尖的下巴。她低下头来,一对大眼睛里,忽然含满了泪。我

（上）旧建筑。　　元代，这附近是金水桥故道，明代为一条南北向的排水沟，统称河槽、沟沿。1921年辟筑成路，抗战后更名佟麟阁路。　（摄于佟麟阁路）

（下左）阳平会馆戏楼。　　（摄于前营〔原孝达〕胡同）

（下右）取名笤帚胡同清真礼拜寺，地界属扬威胡同。　　（摄于茶儿胡同）

也好像有什么委屈，实在我是觉得头发重，支持不住了。妞儿这么搂着我，摸抚着我，一种亲爱的感觉，使我流出泪来了。妞儿说：

"英子，好可怜，身上这么烫！"

我也说：

"你也好可怜，你的亲爹，亲妈——啊，妞儿，我带你找你的亲妈去，你们再一块儿去找你亲爹。"

"上哪儿找去？你睡觉吧，我怕你，你别瞎说了。"说着，她又搂紧我，拍哄我。但是我听了她的话，立刻从她怀里挣扎起来，喊着说：

"我不是瞎说！我是知道你亲妈在哪儿，就在不远，"我又搂着她的脖子在她耳旁小声说："我一定要带你去，你亲妈说的，教我看见你就带你去，就是,不错,脖子后面有块青记的嘛!"

她又奇怪地望着我,好一会儿才说:

"你的嘴好臭,一定是吃多了上火。可是,真的有这回事儿吗!……你说我亲妈?"

我看着她那惊奇的眼睛,点点头。她的长睫毛是湿的,我一说,她微笑了,眼泪流到泪坑上!我觉得难过,又闭上眼,眼前冒着金星,再睁开眼,她变成秀贞的脸了,我抹去了眼泪再仔细看,还是妞儿的。我这时又管不住我的嘴了,我说:

"妞儿,晚上你吃完饭来找我,咱们在横胡同口见面,我就带你上秀贞那儿去,衣服你也不用带,她给你做了一大包袱,我还送了你一只手表,给你看时候。我也要送秀贞一点东西。"

这时我听见妈在叫我。原来雨停了,天还是阴的,妞儿说:

"你妈叫你呢!咱们先别说了,那就晚上见吧!"说着她就站起身,匆匆地推门出去了。

我很高兴,所以有一股力气站起来了,脱下妞儿的衣服,扔在鸡笼上。我推门出去,院子里一阵凉风吹着我,地上满是水,妈妈叫我顺着廊檐走,可是我已经淌水过来了。妈妈拉起我的手,刚想骂我吧,忽然她又两手在我手上,身上,头上乱按,惊慌地说:

"怎么浑身这样烧，病了，看是不是？中午从大太阳底下晒回来，脸通红，刚才又淋了雨，现在又淌水。水，总是要玩水！去躺下吧！"

我也觉得浑身没有力气了，随着妈妈把我拖到小床来。她给我脱了湿的鞋，换了干的衣服；把我安置在床上躺下来，裹在软绵绵的被里，我的确很舒服，不由得闭上眼睛就睡着了。

醒来的时候，觉得热了，踢开了被。这时屋里漆黑，隔着布帘子空隙，可以看见外屋已经点了灯。我忽然想起一件要紧的事，大声叫：

"妈，你们是不是在吃饭？"

"这样混，她居然要吃饭呢！"是爸爸的声音。跟着，妈妈进来了，端进来煤油灯放在桌上。我看见她的嘴还动着，嘴唇上有油，是吃了"回肉"吗？

妈妈到床前来，吓唬着我说："你爸要打你了，玩病了还要吃。"

我急了，说：

"我不是要吃饭，我今天根本一天没吃饭呀！就是问问你们吃饭了没有？我还有事呢！"

"鬼事！"妈妈把我又按着躺下，说："身上还这么热，不知道你烧到多少度了，吃完饭我去给你买药。"

"我不吃药，你给我药吃，我就跑走，你可别怪我！"

"瞎说！等一会儿宋妈吃完饭，叫她给你煮稀粥。"

妈不理会我的话，她说完就又回外屋去吃饭了。我躺在床上，心里着急，想着和妞儿约会好吃完饭在横胡同口见面，不知道她来了没有？细听外面又有淅淅沥沥的雨声，虽然不像白天那样大，可是横胡同里并没有可躲雨的地方，因为整条胡同都是人家的后墙。我急得胸口发痛，揉搓着，咳嗽了，一咳嗽，胸口就像许多针扎着那么痛。

妈妈这时已经吃完饭，她和爸爸进来了。我的手按着嘴唇，是想用力压着别再咳嗽出来，但是手竟在嘴上发抖；我发抖，不是因为怕爸爸，我今天从下午起一直在抖，腿在抖，手也抖，心也抖，牙也抖。妈妈这时看见我发抖的样子，拿起我放在嘴唇上的手，说：

"烧得发抖了,我看还是给你去请趟山本大夫吧!"

"不要!不要那个小日本儿!"

爸爸这时也说:

"明天早晨再说吧,先用冰毛巾给她冰冰头管事的。我现在还要给老家写信,赶着明天早上发出去呢!"

宋妈也进来看我了。她向妈妈出主意说:

"到菜市口西鹤年堂家买点小药,万应锭什么的,吃了睡个觉就好。"

妈妈很听话,她向来就听爸爸的话,也听宋妈的话,所以她说:

"那好嘛,宋妈,我们俩上街去买一趟。英子,乖乖地躺着,吃了药赶快好了好上学。等着,我还顺便到佛照楼带你爱吃的八珍梅回来。"

现在,八珍梅并不能打动我了,我听妈和宋妈撑了伞走了,爸爸也到书

店铺——如果可以想像当年的话。 (摄于棕树斜街)

(上)门板。 (摄于西茶食胡同)

(下)几只竹筐,盛垃圾的,到点儿,有清洁车给弄走。 (摄于西城翠花街)

房去了，我满心想着和妞儿的约会。她等急了吗？她会失望地回去了吗？

我从被里爬出来，轻手轻脚的下了地，头很重，又咳嗽了，但是因为太紧张，这回并没有觉到胸口痛。我走到五屉橱的前面站住了，犹豫了一会儿，终于大胆地拉开了妈妈放衣服的那个抽屉，在最里面，最下面，是妈妈的首饰匣。妈妈开首饰箱只挑爸爸不在家的时候，她并不瞒我和宋妈的。

首饰匣果然在衣服底下压着，我拿了出来打开，妈妈新打的那只金镯在里面！我心有点儿跳，要拿的时候，不免向窗外看了一眼，玻璃窗外黑漆漆的，没有人张望，但是可以照到我自己的影子。我看见我怎样拿出金镯子，又怎样把首饰匣放回衣服底下，推阖了抽屉，我的手是抖的。我要给秀贞她们做盘缠，妈妈说，二两金子值好多好多钱，可以到天津，到上海，到日本玩一趟，那么不是更可以够秀贞和妞儿到惠安去找思康三叔吗？这么一想，我觉得很有理，便很放心的把金镯子套在我的胳膊上面了。

我再转过头，忽然看玻璃窗上，我的影子清楚了，不！吓了我一跳，原来是妞儿！她在向我招手，我赶快跑了出去，妞儿头发湿了，手上也有水，她小声地对我说：

"我怕你真在横胡同等我，我吃完饭就偷偷跑出来了。我等了你一会儿，想着你不来了，我刚要回去，听见你妈跟宋妈过去了，好像说给谁买药去，我不放心你，来看看，你们家的大门倒是没拴上，我就进来了。"

"那咱们就去吧！"

"上哪儿去？就是你白天说的什么秀贞呀？"

我笑着向她点了头。

"瞧你笑得怕人劲儿！你病糊涂了吧！"

"哪里！"我挺起胸脯来，立刻咳嗽了，赶快又弯下身子来才好些，我把手搭在她的肩上说："你一去就知道了，她多惦记你啊！比着我的身子给你做了好些衣服。对了，妞儿，你心里想着你亲妈是什么样儿？"

"她呀，我心里常常想，她要是真的思念我，也得像我这么瘦，脸是白白净净的，……"

"是的,是的,你说的一点儿都没错儿。"我俩一边说着,一边向门外去,门洞黑乎乎的,我摸着开了门,有一阵风夹着雨吹进来,吹开了我的短裤子,肚皮上又凉又湿,我仍是对她说:

"你妈妈,她薄薄的嘴唇,一笑,眼底下就有两个泪坑,一哭,那眼睫毛又湿又长,她说:小英子,我千托万托你,……"

"嗯。"

"她说,小桂子可是我们俩的命根子呀!……"

"嗯。"

"她第一天见着我,就跟我说,见着小桂子,就叫她回来。饭不吃,衣服也不穿,就往外跑,急着找她爹去……。"

"嗯。"

"她说,叫她回来,我们娘儿俩一块儿去,就说我不骂她……。"

"嗯。"

我们俩已经走到惠安馆门口了,妞儿听我说,一边"嗯,嗯,"的答着,一边她就抽答着哭了,我搂着她,又说:

"她就是……"我想说疯子,停住了,因为我早就不肯称呼她是疯子了,我转了话口说:"人家都说她想你想疯啦!妞儿,你别哭,我们进去。"

妞儿这时好像什么都不顾了,都要我给她出主意,她只是一边走,一边靠在我的肩头哭,她并没有注意这是什么地方。

上了惠安馆的台阶,我轻轻地一推,那大门就开了,秀贞说,惠安馆的大门,前半夜都不拴上,因为有的学生回来得很晚。一扇门用杠子顶住,那一半就虚关着。我轻声对妞儿说:

"别出声。"

我们轻轻地,轻轻地走进去,经过门房的窗下,碰到了房檐下的水缸盖子,有了响,里面是秀贞的妈问:

"谁呀?"

"我,小英子!"

木电线杆子在京城已是稀物。　　（摄于抄手胡同）

"这孩子！黑了还要找秀贞,在跨院里呢！可别玩太晚了,听见没有？"

"嗯。"我答应着,搂着妞儿向跨院走去。

我从来没有黑天以后来这里,推开跨院的门,吱哑的一声响,像用一根针划过我的心,怎么那么不舒服！雨地里,我和妞儿迈步,我的脚碰着一个东西,低头看是我早晨捉的那瓶吊死鬼,我拾起来,走到门边的时候,顺手把它放在窗台上。

里屋点着灯,但不亮。我开开门,和妞儿进去,就站在通里屋的门边。我拉着妞儿的手,她的手也直抖。

秀贞没理会我们进来,她又在床前整理那口箱子,背向着我们,她头也没回地说：

"妈,您不用催我,我就回屋睡去,我得先把思康的衣服收拾好呀！"

秀贞以为进来的是她的妈妈,我听了也没答话,我不知道怎么办好了,我想说话,但抽了口气,话竟说不出口,只愣愣地看着秀贞的后背,辫子甩到前面去了，她常常喜欢这样，说是思康三叔喜欢她这样打扮，喜欢她用手指绕着辫梢玩的样子，也喜欢她用嘴咬辫梢想心思的样子。

大概因为没有听见我的答话吧？秀贞猛地回转身来"哟"地喊了一声，"是你，英子，这一身水！"她跑过来，妞儿一下子躲到我身后去了。

秀贞蹲下来，看见我身后的影子，她瞪大了眼睛，慢慢地，慢慢地，侧着头向我身后看，我的脖子后面吹过来一口一口的热气，是妞儿紧挨在我背后的缘故，她的热气一口比一口急，终于哇地一声哭出来，秀贞这时也哑着嗓子喊叫了一声：

（上左）一堆生火做饭的家伙——过日子就是这么回事。　（摄于葡萄院）

（上右）有水缸的胡同。　先前，胡同、庭院都有水缸，注满水，一是自家喝用，二是扫地泼街。"黎明即起，洒扫庭院"，这可不是说给别人听的，我们的上辈人真是这样勤劳啊。生活固然贫穷些，但里里外外干净、利落，活得像个样儿。现在，和先辈比勤劳，颇有汗颜。别疏忽，您看那唯一可做记忆的水缸，还是倒扣着的。　（摄于西松树胡同28号）

（下）老了。　（摄于大栅栏珠宝市大街某院夹道）

"小桂子！是我苦命的小桂子！"

秀贞把妞儿从我身后拉过去，搂起她，一下就坐在地上，搂着，亲着，摸着妞儿。妞儿傻了，哭着回头看我，我退后两步倚着门框，想要倒下去。

过了好一会儿，秀贞才松开妞儿，又急急地站起来，拉着妞儿到床前头去，急急地说：

"这一身湿！换衣服，咱们连夜地赶，准赶得上，听！"是静静的雨夜里传过来一声火车的汽笛声，尖得怕人。秀贞仰头听着想了一下又接着说："八点五十有一趟车上天津，咱们再赶天津的大轮船，快快快！"

秀贞从床上拿出包袱，打开来，里面全是妞儿，不，小桂子，不，妞儿的衣服。秀贞一件一件给妞儿穿上了好多件。秀贞做事那样快，那样急，我还是第一回看见。她又忙忙叨叨的从梳头匣子里取出了我送给小桂子的手表，上了上弦给妞儿戴上。妞儿随秀贞摆弄，但眼直望着秀贞的脸，一声也不响，好像

院门,斜对着别院的院门。 木框的二道院门,不显眼;萧疏的枝条,潜发苞芽;还有透空的墙部,似花瓣形,似铜钱儿形,其实就是曲状的灰瓦片被砌在里面,让您看出人的经心。(摄于西长安街贤效里〔原成公府夹道、贤孝里〕)

变呆了。我的身子朝后一靠,胳膊碰着墙,才想起那只金镯子。我撩起袖子,从胳膊上把金镯子褪下来,走到床前递给秀贞说:

"给你做盘缠。"秀贞毫不客气地接过去,立刻套在她的手腕上,也没说声谢谢,妈妈说人家给东西都要说谢谢。

秀贞忙了好一阵子,乱七八糟的东西塞了一箱子,然后提起箱子,拉着妞儿的手,忽然又放下来,对妞儿说:"你还没叫我呢,叫我一声妈。"秀贞蹲下来,搂着妞儿,又搬过妞儿的头,撩开妞儿的小辫子看她的脖子后头,笑说:"可不是我那小桂子,叫呀!叫妈呀!"

妞儿从进来还没说过一句话,她这时被秀贞搂着,问着,竟也伸出了两手,绕着秀贞的脖子,把脸贴在秀贞的脸上,轻轻难为情地叫:

"妈!"

我看见她们两个人的脸，变成一个脸，又分成两个脸，觉得眼花，立刻闭住眼扶住床栏，才站住了。我的脑筋糊涂了一会儿，没听见她们俩又说了什么，睁开眼，秀贞已经提起箱子了，她拉起妞儿的手，说："走吧！"妞儿还有点认生，她总是看着我的行动，伸出手来要我，我便和她也拉了手。

我们轻手轻脚地走出去，外面的雨小些了，我最后一个出来，顺手又把窗台上的那瓶吊死鬼拿在手里。

出了跨院门，顺着门房的廊檐下走，这么轻，脚底下也还是噗吱噗吱的有些声音。屋里秀贞的妈妈又说话了：

"是英子呀？还是回家去吧！赶明再来玩。"

"嗳。"我答应了。

走出惠安馆的大门，街上漆黑一片，秀贞虽然提着箱子拉着妞儿，但是她们竟走得那样快，秀贞还直说：

"快走，快走，赶不上火车了。"

出了椿树胡同口，我追不上她们了，手扶着墙，轻轻地喊：

"秀贞！秀贞！妞儿！妞儿！"

远远的有一辆洋车过来了，车旁暗黄的小灯照着秀贞和妞儿的影子，她俩不顾我还在往前跑。秀贞听我喊，回过头来说："英子，回家吧，我们到了就给你来信，回家吧！回家吧……"

声音越细越小越远了，洋车过去，那一大一小的影儿又蒙在黑夜里。我趴着墙，支持着不让自己倒下去，雨水从人家的房檐直落到我头上，脸上，身上，我还哑着嗓子喊：

"妞儿！妞儿！"

我又冷，又怕，又舍不得，我哭了。

这时洋车从我的身旁过去，我听车篷里有人在喊：

"英子，是咱们的英子，英子……"

啊！是妈妈的声音！我哭喊着：

"妈啊！妈啊！"

我一点力气没有了，我倒下去，倒下去，就什么都不知道了。

五

远远的，远远的，我听见一群家雀儿在叫，吱吱喳喳、吱吱喳喳。那声音越来越近了……不是家雀儿，是一个人，那声音就在我耳边。她说：

"……太太，您别着急了，自己的身子骨也要紧，大夫不是说了准保能醒过来吗？"

"可是她昏昏迷迷的有十天了！我怎么不着急！"

我听出来了，这是宋妈和妈妈在说话。我想叫妈妈，但是嘴张不开，眼睛也睁不开，我的手，我的脚，我的身子，在什么地方哪？我怎么一动也不能动，也看不见自己一点点？

"这在俺们乡下，就叫中了邪气了。我刚又去前门关帝庙给烧了股香，您瞧，这包香灰，我带回来了，回头给她灌下去，好了您再上关帝庙给烧香还个愿去。"

妈妈还在哭，宋妈又说：

"可也真怪事，她怎么一拐能拐了俩孩子走？咱们要是晚回来一步，英子就追上去了，唉！越想越怕人，乖乖巧巧的妞儿！唉！那火车，俩人一块儿，唉！我就说妞儿长得俊倒是俊，就是有点薄相……"

"别说了，宋妈，我听一回，心惊一回。妞儿的衣服呢？"

"鸡笼子上扔的那两件吗？我给烧了。"

"在哪儿烧的？"

"我就在铁道旁边烧的。唉！挺俊的小姑娘！唉！"

"唉！"

两个人唉声叹气的，停了一会儿没说话。

等再听见茶匙搅着茶杯在响，宋妈又说话了：

"这就灌吧？"

"停一会儿，现在睡得挺好，等她翻身动弹时再说。——家里都收拾好了?"妈问。

"收拾好了,新房子真大,电灯今天也装好了,这回可方便喽!"

"搬了家比什么都强。"

"我说您都不听嘛!我说惠安馆房高墙高,咱们得在门口挂一个八卦镜照着它,你们都不信。"

"好了,不必谈了,反正现在已经离开那倒霉的地方就是了。等英子好了,什么也别跟她说,回到家,换了新地方,让她把过去的事儿全忘了才好,她要问什么,都装不知道,听见了没有?宋妈。"

"这您不用嘱咐,我也知道。"

他们说的是什么,我全不明白,我在想,这是怎么回事儿?有什么事情不对了吗?我想着想着觉得自己在渐渐地升高,升高,我是躺在这里,高、高、高,鼻子要碰到屋顶了,"呀!"我浑身跳了一下,又从上面掉下来,一惊疑就睁开了眼睛,只听宋妈说:

"好了,醒了!"

妈妈的眼睛又红又肿,宋妈也含着眼泪。但是我仍说不出话,不知怎么样才可以张开嘴。这时妈妈把我搂抱起来,捏住我的鼻子,我一张嘴,一匙水就一下给我灌了下去,我来不及反抗,就咽下了,然后我才喊:

"我不吃药!"

宋妈对妈说:

"我说灵不是?我说关帝老爷灵验不是?喝下去立刻会说话。"

妈给我抹去嘴边的水,又把我弄躺下来。我这时才奇怪起来,看看白色的屋顶,白色的墙壁,白色的门窗和桌椅,这是什么地方?我记得我是在一个?……我问妈妈说:

"妈,外面在下雨吗?"

"哪儿来的雨,是个大太阳天呀!"妈说。

我还是愣愣地想,我要想出一件事情来。

这时宋妈挨到我身边来,她很小心地问我:

门簪：康宁（篆书）。 对门框来讲，门簪是有结构作用的装饰物。门簪朝外一面，做成圆形、方形、曲线多边形等断面，加木雕。木雕题材有花卉、吉祥文字、汉瓦当寿字图案等。（摄于南长街大宴乐胡同〔西大街三条并入〕7号）

"认得我吗？英子！"

我点点头："宋妈。"

宋妈对妈笑笑。

妈又说：

"你发烧病了十天了，爸爸和妈妈把你送到医院来住，等你好了，我们就回到新的家去，新的家还装了电灯呢！"

"新的家？"我很奇怪地问。

"新的家，是呀！我们的新家在新帘子胡同，记着，老师考你的时候，问你家住在哪儿？你就说，新——帘——子胡同。"

"那么……"有些事情我实在想不起来了，所以要说什么，也不能接下去，我就闭上眼睛。妈说：

"再睡会儿也好，你刚好还觉得累，是不是？"妈妈说着就摩抚我的嘴巴，我的眼皮，我的头发，忽然一个东西一下碰了我的头，疼了一下，我睁开眼看，是妈妈手上套的那只——那只金镯子！我不由得惊喊了一声："镯子！"妈没说什么，把金镯子又推到手腕上去。我的眼睛直望着妈妈的金镯子，心想着，这只金镯子不是——不就是我给一个人的那只吗？那个人叫什么来着？我糊涂了，但不敢问，因为我现在不能把那件事记得很清楚。我怎么就生病，就住到这医院里来了呢？我是一点儿也不清楚。

妈妈拍拍我说：

"别发呆了，看你发烧睡大觉的时候，多少人给你送吃的、玩的东西来！"

妈妈从床头的小桌上拿起来一个很好看的匣子，放在枕边，一边打开来，一边说：

"匣子是刘婆婆给你买的，留着装东西用，里面，喏，你看，这珠链子是张家三姨送你的。喏，这只自动铅笔是叔叔给你的。你自己玩吧！"她便转头跟宋妈说话去了。

我随着妈妈的说明，一件件从匣里拿出来看，我再摸出来的是一只手表，上面镶了几颗钻，啊！这是我自己的东西！但是——我手举着表，一动也不动的看着，想着，它怎么会在这只匣子里？它不是也被我送给人了吗？

"妈！"我不禁叫了一声，想问问。妈回过头看见，连忙接过表去，笑着说道：

"看，这只表我给你修理好了，你听！"

妈把表挨近我的耳朵，果然发出小小滴答滴答的声音。然而这时我想起了一些事情，我想起了一个人，又一个人。她们的影子，在我眼前晃。

壁影。　（摄于狮子胡同）

"妈!"我再叫一声还想问问。

妈妈慌忙地又从匣子拿出别的玩意儿来哄我:

"喏,再看这个,是……"

我忽然想起好些事情来了,我跟一个人,还有一个人的事情,但是妈妈为什么那样慌慌忙忙的不许人问?现在我是多么的思念她们两个啊!我心里太难受,真想哭,我忽然翻身伏在枕头上,就忍不住大声地哭起来。我哭着,嘴里喊:"爸爸!爸爸!"

妈妈和宋妈赶着来哄我,妈妈说:

"英子想爸爸了,爸爸知道多高兴,他下班就会来看你!"

宋妈说:

"孩子委屈喽,孩子这回受大委屈喽!"

妈妈把我抱起来搂着我,宋妈拍着我,她们全不懂得我!我是在想那两个人啊!我做了什么不对的事吗?我很怕!爸爸,爸爸,你是男人,你应当帮助我啊!我是为了这个才叫爸爸的。

我哭了一阵子很累了,闭上眼睛偎在妈妈的怀里。妈妈轻轻摇着我,低

门联:卜居积水,世守研田。 卜——选择;水——上善若水;研——同砚。有板桥头条、二条、三条,又北有大铜井、小铜井,以达于德胜门城根。 (摄于板桥二条)

胡同千百，各有风韵。只要想看，并看得出来，那的确是一种享受。 "自鲍家街以北曰前百户庙，曰后百户庙，曰狗尾巴胡同，其南北小胡同曰取灯胡同，曰笔管胡同，又北曰西铁匠胡同。"（摄于西铁匠胡同）

声唱她的老家的歌：

"天乌乌，要落雨，老公仔举锄头巡水路，巡着鲫仔鱼要娶某，龟举灯，鳖打鼓……"她又唱：

"ㄏㄧ ㄏㄨ ㄟ，饲阉鸡，阉鸡饲大只，煮给英子吃，英子吃不够，去后尾门仔眯眯哭！"那轻轻的摇动使我舒服多了，听到这儿，我不由得睁开眼笑了。妈妈很高兴地亲着我的脸说：

"笑了，笑了，英子笑了。宋妈已经把家里的油鸡杀了给你煮汤喝呢！"

宋妈从桌底下拿出一只小锅，打开来还冒着热气，她盛了一碗黄黄的汤还有几块肉，递到我面前，要我喝下去。我别过脸去不要看，不要吃。碗里是西厢房的小油鸡吗？我曾经摸着它们的黄黄软软的羽毛，曾经捉来绿色的吊死鬼喂它们，曾经有一个长长睫毛大眼睛里的泪滴落在它们的身上……我

不说什么,把头钻进妈妈的胸怀里。妈妈说:

"她不想吃,再说吧,刚醒过来,是还没有胃口。"

我在医院住了十几天,刚可以起床伏在楼窗口向下面看望,爸爸就雇来一辆马车,把我接回家。

马车是敞篷的,一边是爸,一边是妈,我坐在中间,好神气。前面坐了两个赶马车的人,爸爸催他们快一点,皮鞭子抽在马身上,马蹄子得得得得,得得得得,一路跑下去。马车所经过的路,我全都不认识。这条大街长又长,好像前面没尽没了。

我觉得很新鲜,转身脸向着车后,跪在座位上,向街上呆呆地看。两边的树一棵一棵地落在车后面,是车在走呢?还是树在走呢?

我仰起头来,望见了青蓝的天空,上面浮着一块白云彩,不,一条船。我记得她说:"那条船,慢慢儿地往天边上挪动,我仿佛上了船,心是飘的。"她现在在船上吗?往天边儿上去了吗?

一阵小风吹散开我的前刘海,经过一棵树,忽然闻见了一阵香气,我回头看妈妈,心里想问:"妈,这是桂花香吗?"我没说出口,但是妈妈竟也嗅了嗅鼻子对爸爸说:

廊柱下对坐的悄悄话。 "我没有再答话,不由得再想——西厢房的小油鸡,井窝子边闪过来的小红袄,笑时的泪坑,廊檐下的缸盖,跨院里的小屋,炕桌上的金鱼缸,墙上的胖娃娃,雨水中的奔跑,……一切都算过去了吗?我将来会忘记吗?"——林海音《城南旧事》(摄于北新华街)

"这叫做马缨花,清香清香的!"她看我在看她,就又对我说:"小英子,还是坐下来吧,你这样跪着腿会疼,脸向后风也大。"

我重新坐正,只好看赶马车的人狠心地抽打他的马。皮鞭子下去,那马身上会起一条条的青色的伤痕吗?像我在西厢房里,撩起一个人的袖子,看见她胳膊上的那样的伤痕吗?早晨的太阳,照到西厢房里,照到她那不太干净的脸上,那又湿又长的睫毛一闪动,眼泪就流过泪坑淌到嘴边了!我不要看那赶车人的皮鞭子!我闭上眼,用手蒙住了脸,只听那得得的马蹄声。

太阳照在我身上,热得很,我快要睡着了,爸爸忽然用手指逗逗我的下巴说:

"那么爱说话的英子,怎么现在变得一句话都没有了呢?告诉爸,你在想什么呢?"

这句话很伤了我的心吗?怎么一听爸说,我的眼皮就眨了两下;碰着我蒙在脸上的手掌,湿了,我更不敢放开我的手。

妈妈这时一定在对爸爸使眼色吧?因为她说:

"我们小英子在想她将来的事呢!……"

"什么是将来的事?"从上了马车到现在,我这才说第一句话。

"将来的事就是英子要有新的家呀,新的朋友呀,新的学校呀,……"

"从前的呢?"

"从前的事都过去了,没有意思了,英子都会慢慢忘记的。"

我没有再答话,不由得再想——西厢房的小油鸡,井窝子边闪过来的小红袄,笑时的泪坑,廊檐下的缸盖,跨院里的小屋,炕桌上的金鱼缸,墙上的胖娃娃,雨水中的奔跑,……一切都算过去了吗?我将来会忘记吗?

"到了!到了!英子,新帘子胡同到了,新的家到了!快看!"

新的家?妈妈刚说这是"将来"的事,怎么这么快就到眼前了?

那么我就要放开蒙在脸上的手了。

妈妈说的,新帘子胡同像一把汤匙,我们家就住在靠近汤匙的底儿上,正是舀汤喝时碰到嘴唇的地方。……

房影。(摄于河泊厂南巷和东巷的拐口)

我们看海去

这是新帘子胡同的一个小院门,墙,还是磨砖对缝的。"妈妈说的,新帘子胡同像一把汤匙,我们家就住在靠近汤匙的底儿上,正是舀汤喝时碰到嘴唇的地方。"——林海音《城南旧事》(摄于东松树胡同〔原新帘子胡同东段并入〕)

一

妈妈说的,新帘子胡同像一把汤匙,我们家就住在靠近汤匙的底儿上,正是舀汤喝时碰到嘴唇的地方。于是爸爸就教训我,他绷着脸,瞪着眼说:

"讲唔听!喝汤不要出声,苏苏苏的,最不是女孩儿家相。舀汤时,汤匙也不要把碗碰得当当当地响。……"

我小心小心地拿着汤匙,轻慢轻慢地探进汤碗里,爸又发脾气了:

"小人家要等大人先舀过了再舀,不能上一个菜,你就先下手,"他又转过脸向妈妈:"你平常对孩子全没教习,也是不行的。……"

我心急得很,只想赶快吃了饭去到门口看方德成和刘平踢球玩,所以我就喝汤出了声，舀汤碰了碗，菜来先下手。我已经吃饱了，只好还坐在饭桌旁，等着给爸爸盛第二碗饭。爸爸说，不能什么都让佣人做，他这么大的人，在老家时，也还不是吃完了饭仍站在一旁，听着爷爷的教训。

我趁着给爸爸盛好饭，就溜开了饭桌，走向靠着窗前的书桌去，只听妈妈悄悄对爸爸说：

"也别把她管得这么严吧，孩子才多大？去年惠安馆的疯子把她吓得那么一大场病，到现在还有胆小的毛病，听见你大声骂她，她就一声不言语，她原来不是这样的孩子呀！现在搬到这里来，换了一个地方，忘记以前的事，又上学了，好容易脸上长胖些……"

妈妈啊！你为什么又提起那件奇怪的事呢？你们又常常说，哪个是疯子，哪个是傻子，哪个是骗子，哪个是贼子，我分也分不清。就像我现在，抬头看见窗外蓝色的天空上，飘动着白色的云朵，就要想到国文书上第二十六课的那篇"我们看海去"：

我们看海去！

我们看海去！

蓝色的大海上，

扬着白色的帆。

金红的太阳，

从海上升起来，

照到海面照到船头。

我们看海去！

我们看海去！

我就分不清天空和大海。金红的太阳，是从蓝色的大海升上来的呢？还是从蓝色的天空升上来的呢？但是我很喜欢念这课书，我一遍一遍地念，好像躺在床上，又像睡在云上。我现在已经能够背下来了，妈妈常对爸爸、对宋妈夸我用功，书念得好。我喜欢念的，当然就念得好，像上学期的"人手足刀尺狗牛羊一身二手……"那几课，我希望赶快忘掉它们！

门框柱上的鞋掸子。"上面挂了一把鞋掸子,爸爸临出门和回家来,都先掸一掸鞋。他教我也要这样做,但是我觉得我鞋上的土,还是用跺脚的法子,跺得更干净些。"——林海音《城南旧事》。照片,是六年前拍的,但是只感觉到了那掸子和人有关系,但绝没想到他们会那么亲近,有那么多他们可以彼此讲述的故事。(摄于西城丰盛友爱巷)

爸爸去睡午觉了,一家人都不许吵他,家里一点儿声音都没有,但是我听到街墙传来"嘭!嘭!"的声音,那准是方德成他们的皮球踢到墙上了。我在想,出去怎样跟他们说话,跟他们一起玩呢?在学校,我们女生是不跟男生说话的,理也不理他们,专门瞪他们,但是我现在很想踢球。

好妈妈,她过来了:

"出去跟那两个野孩子说,不要在咱们家门口踢球,你爸爸睡觉呢!"

有了这句话就好了,我飞快地向外跑,辫子又钩在门框的钉子上了,拔起我的头发根,痛死啦!这只钉子为什么不取掉?对了,是爸爸钉的,上面挂了一把鞋掸子,爸爸临出门和回家来,都先掸一掸鞋。他教我也要这样做,但是我觉得我鞋上的土,还是用跺脚的法子,跺得更干净些。

宋妈在门道喂妹妹吃粥,她头上的簪子插着薄荷叶,太阳穴贴着小红萝卜

皮,因为她在闹头痛的毛病。开街门的时候,宋妈问我:

"又哪儿疯去?"

"妈叫我出去的。"我理由充足地回答她。

门外一块圆场地,全被太阳照着,就像盛得满满的一匙汤。我了不起地站到方德成的面前说:

"不许往我们家墙上踢球,我爸爸睡觉呢!"

方德成从地上捡起皮球,傻乎乎地看着我。

在我们家的斜对面,是一所空房子,里面没有人家住,只有一个看房的聋子老头儿,也还常常倒锁了街门到他的女儿家去住。宋妈不知道从哪儿听来的,说这所房子总租不出去,是因为闹鬼。妈妈听了就跟爸爸说:"北京城怎么这么多闹鬼的房子?"

"磨剪子嘞,锵菜刀。" (摄于牛街五条)

在闹鬼房子和另一所房子的中间，有一块像一间房子那么大的空地，长满了草，前面也有看来我都能迈过去的矮破砖墙，里面的草长得比墙高。这块空地听说原来是闹鬼房子的马号，早就塌了，没有人修，就成了一块空草地。

我看着那片密密高高的草地，它旁边正接着一段闹鬼房子的墙，我对傻方德成他们说：

"不会上那边踢去，那房里没住人。"

他们俩一听，转身就往对面跑去。球儿一脚一脚地踢到墙上又打回来，是多么的快活。

这是条死胡同，做买卖的从汤匙的把儿进来，绕着汤匙底儿走一圈，就还得从原路出去。这时剃头挑子过来了，那两片铁夹子"唤头"弹得嗡嗡地响，也没人出来剃头。打糖锣的也来了，他的挑子上有酸枣面儿，有印花人儿，有山楂片，还有珠串子，都是我喜欢的，但是妈妈不给钱，又有什么办法！打糖锣的老头子看我站在他挑子前，就轻轻地对我说：

"去，去，回家要钱去！"

教人要钱，这老头子真坏！我心里想着，就走开了。我不由得走向对面去，站在空草地的破砖墙前面，看方德成和刘平他们俩会不会叫我也参加踢球。球滚到我脚边来了，我赶快捡起来扔给他们。又滚到更远一点儿的墙边去了，我也跑过去替他们捡起来。这一次刘平一脚把球踢得老高老高的，他自己还夸嘴说："瞧老子踢得多棒！"但是这回球从高处落到那片高草地里去了。

"英子，你不是爱捡球吗？现在去给我们捡吧！"刘平一头汗地说。

有什么不可以？我立刻就转身迈进破砖墙，脚踏在比我还高的草堆里。我用两手拨开草才想起，球掉到哪儿了呢？怎么能一下就找到？不由得回头看他们；他们俩已经跑到打糖锣的挑子前，仰着脖子在喝那三大枚一瓶的玉泉山汽水。

我探身向草堆走了两步，刘平在喊我："留神脚底下狗屎，林英子！"

我听了吓得立刻停住了，向脚底下看看，还好，什么都没有。我拨开左面的草，右面的草，都找不到球。再向里走，快到最里面的墙角了，我脚下碰着

一个东西,捡起来看,是把钳子,没有用,我把它往面前一丢,当的一声响了,我赶快又拨开前面的草,这才发现,钳子是落在一个铜盘子上面,盘上是反扣着的。真奇怪!我不由得蹲下来,掀开铜盘子,底下竟是叠得整整齐齐的一条很漂亮带穗子的桌毯,和一件很讲究的绸衣服,我赶紧用铜盘子又盖住,心突突地跳,慌得很,好像我做了什么不对的事被人发现了,抬头看看,并没有人影,草被风吹得向前倒,打着我的头,我只看见草上面远远的那块蓝色的海,不,蓝色的天。

我站起身来往出口的路走,心在想,要不要告诉刘平他们?我走出来,只见他们俩已经又在地上弹玻璃球了,打糖锣的老头子也走了。刘平头也没抬地问我:

"找着没有?"

（左）请神。 有人将木雕版置于几案，又印个样儿来，无非是财神一类的吉祥图语，让逛庙会的自印自娱，欢欢喜喜地买（或说请）回家。（摄于地坛庙会）

（右）"磨刀的人的全部家伙。" （摄于小杨家〔小羊圈〕胡同）

"没有。"

"找不着算了，那里头也太脏，狗也进去拉屎，人也进去撒尿。"

我离开他们回家去。宋妈正在院子里收衣服，她看见我皱起眉头（小红萝卜皮立刻从太阳穴掉下来了！）说：

"瞧裹的这身这脸的土！就跟那两个野小子踢球踢成这模样儿？"

"我没有踢球！"我的确没有踢球。

"骗谁！"宋妈撇嘴说着，又提起我的辫子。"你妈梳头是有名的手紧，瞧！还能让你玩散了呢！你说你够多淘！头绳儿哪？"

"是刚才那门上的钉子钩掉的。"我指着屋门那只挂掸子的钉子争辩说。这时我低头看见我的鞋上也全是土，于是我在砖地上用力地跺上几跺，土落下去不少。一抬头，看见妈妈隔着玻璃窗在屋里指点着我，我歪着头，皱起鼻子,向妈妈眯眯地笑了笑。她看见我这样笑,会什么都原谅我的。

## 二

第二天,第三天,好几天过去了,方德成他们不再提起那个球,但是我可惦记着,我惦记的不是那个球,是那块草地,草地里的那堆东西。我真想告诉妈或者宋妈,但是话到嘴边又收回去了。

今天我的功课很快地就做完了,两位的加法真难算,又要进位,又要加点,我只有十个手指头,加得忙不过来。算术算得太苦了,我就要背一遍"我们看海去",我想,躺在那海中的白帆船上,会被太阳照得睁不开眼,船儿在水上摇呀摇的,我一定会睡着了。"我们看海去,我们看海去",我收拾铅笔

(上）瓷器古玩摊。　（摄于宣武白云观庙会）

(左）卖空竹的。　　儿时，正月春节，姐姐带去逛厂甸买空竹。也许正因为是孩子，一迷上，很快就学会了"抖"，在院的"土"地上竟能把空竹抖得嗡嗡振响，那响儿一会儿紧，一会儿慢，一会儿高，一会儿低，自己感着绝不亚于听歌听戏。后来，又学会了"猴爬竿"，就是把旋转的空竹掂到竹竿上，发出哗哗的滚动声，一会儿又掂回到抖动的绳上。再后来，抖着抖着，竟将空竹扔到半空，又接住，接着抖，甚而来个"转身塔"——自己转个360度的身，再接住那飞落的空竹，博得小伙伴们的喝彩。（摄于白云观庙会）

盒的时候，这样念着；我把书包挂在床栏上，这样念着；我跳出了屋门坎儿，这样念着。

爸和妈正在院子里，妈妈抱着小妹妹，爸爸在剪花草，他说夹竹桃叶子太多了，花就开得少，该去掉一些叶子。他又用细绳儿把枝子捆扎一下，那几棵夹竹桃，就不那么散散落落的了。他又给墙边的喇叭花牵上一条条的细绳子，钉在围墙高处，早晨的太阳照在这堵墙上，喇叭花红紫黄蓝的全开开了，但现在不是早晨，几朵喇叭花已经萎了。

妈妈对爸爸说：

"带把锁回来吧，贼闹得厉害，连新华街大街上还闹贼呢！"

爸爸在专心剪栽花草,鼻孔一张一张的,他漫不经心地说:"新华街,离这里还远呢!"抬头看见我又说:"是不是?英子!"

我点点头,那空草地在我眼前闪了一下。

小妹妹这时从妈妈的身上挣脱下来,她刚会走路,就喜欢我领她。我用跳舞的步子带着她走,小妹妹高兴死啦!咯咯地笑,我嘴里又念着"我们看海去",念一句,跳一步舞,这样跳到门口。宋妈刚吃过饭,用她那银耳挖子在剔牙,每剔一下,就啧啧地吸着气,要剔好大的工夫,仿佛她的牙很重要!小妹妹抱住她的腿,她把耳挖子在身上抹了抹,插到她的髻儿上去。

宋妈抱起小妹妹走出街门了,她对妹妹说:

"俺们逛街去喽!俺们逛街街去喽!"宋妈逛大街的瘾头很大,回来后就有许多新鲜事儿告诉妈妈;神妖贼怪,骡马驴牛。

宋妈走远去了,小妹妹还在向我招手,天还没有黑,但是太阳不见了,只有对面空房子的墙角上,还有一丝丝光。再看过去,旁边的空草地上,也还有一片太阳闪着亮,草被风吹得轻轻地动,我看愣了,不由得向它走过去。我家隔壁的门前,停了一个收买破烂货的挑子,却不见人,大概是到谁家收买破烂儿去了吧!这时门前的空地上,一个人也没有。

我走向空草地,一边迈过破墙,一边心想,如果被宋妈或者什么人看见我到这里来的话,我就说,我要找那个皮球的,本来嘛!

我没有专心找球,但也希望能看到它,我的脚步是走向那个神秘的墙角。我憋住气,拨动着高草,轻轻地向前探着脚步,我是怕又踩到什么东西。

那些东西,能够还在这地方吗?我那天怎么不敢多看一看,立刻就返身退出来呢?现在这些东西如果还在这地方的话,我又怎么办呢?当然没有办法,我只是想看一看,因为我喜欢奇怪的事。

但是当我拨开那一丛草的时候,使我倒抽了一口气,惊奇地喊了一声:

"哦!"

有一个人蹲在草地上!他也惊吓地回过头来"哦"了一声。瞪着眼望了我一阵,随后他笑了:

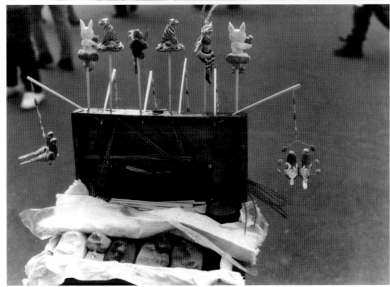

(上) **卖风车的货摊。** 庙会上的风车,大多由近郊农民扎制。以高粱秆扎成框架,用东昌纸条染成红黄绿鲜艳的色彩,粘成风轮。鼓框由胶泥做,铜钱大小,两层麻纸裱成鼓皮。然后以最原始的连动装置组合一起,只要风轮一动,便带动麻绳绞住的小棍击鼓作声。倘风轮在风中不停地旋转,小鼓就不断咚咚作响。风小,您就稍用力摆动一下风车,照样响。京城春节,哪能少了这道风景呢。(摄于白云观庙会)

(下) **面塑。** 俗称捏面人,可能是受战国俑和汉代木偶的启发而产生的民间工艺。北京街头,尤其是各寺观的庙会,常有捏面人的,以蒸熟后着色的面团,当场捏塑各种戏剧人物及飞禽走兽等,神形毕肖。以前,面人郎、面人汤、面人曹最为市井推重。(摄于白云观庙会)

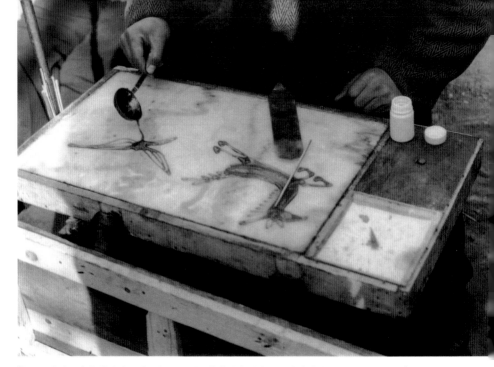

糖。手艺人将糖稀慢慢倾滴石板的同时,勾勒出或龙或凤、或鱼或鸟的图形,然后以苇梗附上、凝住、撬下,供小孩边玩边吃。(摄于白云观庙会)

"小姑娘,你也上这儿来干吗?"

"我呀,"我竟答不出话来,愣了一下,终于想出来了:"我来找球。"

"球?是不是这个?"他说着,从身后的一堆东西里拿出一个皮球,果然是刘平他们丢的那个。我点点头,接过球来便转身退出去,但是他把我叫住了:

"嗯——小姑娘,你停停,咱们谈谈。"

他是穿着一身短打裤褂,秃着头,浓浓的眉毛,他的厚嘴唇使我想起了会看相的李伯伯说过的话:"嘴唇厚厚敦敦的,是个老实人相。"我本来有点怕,想起这句话就好多了。他说话的声音仿佛有点发抖,人也不肯站起来,但是我知道他身后有一堆东西,不知道是不是那天的铜茶盘什么的。他说:

"小姑娘,你几岁啦?念书了没有?"

"七岁,在厂甸附小一年级。"常常有人问我同样的话,所以我能一下就回答出来。

"喝!那是好学堂。谁接你送你上学呀?"

卖布老虎的。 一百一百,一群一群,摊摆着,堆摆着,布老虎没有凶猛之相,尽是勃勃的生气和可爱。(摄于地坛春节庙会)

"我自己。"回答了以后,想起爸爸,所以我又说:"爸爸说,小孩子要早早养成自立的本事,现在,你知道不知道,新华街城墙打通了,叫做兴华门,我就不用绕顺治门啦!"

"小姑娘会说话,家教好,"他不住地点头:"你爸爸说得对,小孩子要早早地就学着自个儿,嗯——自个儿那什么的本事,唉——!"他忽然低头长长地叹一口气,又抬头望着我,笑笑问我:"你猜我是来干吗?"

"你呀——我猜不出,"我摇摇头,但又忽然想起来了:"你是不是来这里拉屎?"

"拉屎?"他睁大了眼睛。"对啦,对啦,我是来出恭的啦!"

"不讲卫生。"

"我们这路人,没有卫生。"

我又低头斜着眼望了一下他的背后,他好像在想什么,愣了一会儿,从短裤口袋里掏出了一把玻璃球,都是又圆又亮的汽水球:

"哪,这些个给你。"

"我不要!"这种事一点儿也不能坏我的心眼儿。爸爸说过,不许随便拿人家的东西。

"是我给你的呀!"他还是要塞到我手里,但是我的手掌努力张开着,并不拳起来,球没法落在我手里,就都掉在草地上了。我又说:

"人家给的也不能随便要。"

"这孩子!"他也很没有办法的样子,随后他又问我:"你们家知道你上这儿来吗?"

我摇摇头。

"你回去了,要告诉你们家里的人看见我了吗?"

我还是摇头。

"那好,可千万别跟人说看见我了呀!我也是好人。"

谁又说他是坏人了呢?他的样子好奇怪!我猜他不是来拉屎的,那堆东西,跟他有关系。

"回去吧!快黑了!"他指指天,乌鸦飞过去了。

"那你呢?"我问他。

"我也走呀,你先走。"他掸掸身上落下的碎草,好像要站起来,接着又说:"可别说出去呀,小姑娘,你还小,不懂得事,等赶明儿,我跟你慢慢地谈,故事多着呢!"

"讲故事?"

"是呀!我常常来,我看你这小姑娘是好心肠,咱们交个道义朋友,我跟你讲我弟弟的故事儿呀,我的故事儿呀。"

"什么时候?"说到讲故事,我最喜欢。

"遇见了,咱们就聊聊,我一个人儿,也闷得慌。"

(左)卖冰糖葫芦的,现熬糖,现蘸,现卖。 旁边立着个蒲草捆,用来插做好的糖葫芦。逛庙会的,想吃啥品种的,自己挑,自己拔出。糖葫芦大多是山里红做的,还有什么沙果的、山药的、黑枣的、橘子瓣的。这,已经是九十年代的卖法了。(摄于白云观庙会)

(右)栗子摊。 旧时,当秋风乍起,北京街头就有糖炒栗子上市了。果子铺门口支着大铁锅,满是黄得发亮的栗子和黑色的砂粒,店伙计一边挥动平铲,炒着、搅着,一边吆喝"现出锅的!"固安县在京南,出产最好的栗子,又甜又糯。栗子的吃法甚多,除炒栗,还可做菜,出名的是栗子煨鸡。今见盛栗子的荆条大筐箩,粗牛皮纸口袋,形状特别的簸铲,我知道这内中还保有几丝古风。(摄于护国寺街与护仓胡同的拐口)

他说的话,我不太懂,但是我觉得这样一个大朋友,可以交一交,我不知道他是好人,还是坏人,我分不清这些,就像我分不清海跟天一样,但是他的嘴唇是厚厚敦敦的。

我转身向外拨动高草,又回过头来问他:

"明天你要来吗?"

"明天?不一定。"

他正拿一个包袱摊开来包些东西,草下面很暗了,看不清,但是可以听见"当当"的声音,准是那个铜盘子碰着掉在地上的汽水球了。那些是他的东西吗?

我走出了破砖墙,眼前这块地方还是没有人,但远远的我看见宋妈领着小

一品玉带糕。 卖主还当场巧用刀功,切成极薄的片片。买主既品尝了酥松香甜,又欣赏了手艺,美死了。(摄于白云观庙会)

妹妹回来了,我赶快向家里跑,路过隔壁的人家,看见那收破烂的挑子还摆在那里。

我和宋妈同时到了家门口,便牵了小妹妹的手一路走进家门,这时院子里的电灯亮了,电灯旁边的墙上爬着好几条蝎虎子,电灯上也飞绕着许多小虫儿。茶几已经摆在花池子旁边了,上面准是一壶香片茶,一包粉包烟,爸爸要在藤椅上躺好久好久,跟妈妈谈这谈那,李伯伯也许会来。

我把皮球放在茶几上,随手便把粉包烟拿起来打开,抽出里面的洋画儿,爸爸笑笑问我:

"封神榜的洋画儿存全了没有?"

"哪里会!那张姜子牙永远不会有。三只眼的杨戬我倒有三张啦!"

爸爸摸摸我的头笑着对妈妈说:

"这孩子,也知道什么姜子牙啦,杨戬啦!"

我也不知道是怎么个心气儿,忽然问爸爸:

"爸,什么叫做贼!"

"贼?"爸奇怪地望着我:"偷人东西的就叫贼。"

"贼是什么样子?"

"人的样子呀!一个鼻子俩眼睛。"妈回答着,她也奇怪地望着我:

"怎么问起这个来了?"

"随便问问!"

我说着拿了小板凳来放在妈妈的脚下,还没坐下来呢,李伯伯就进来了,于是妈妈就赶我:

"去,屋里跟小妹妹玩去,不要在这里打岔。"

三

我洗脸的时候,把皮球也放在脸盆里用胰子洗了一遍,皮球是雪白的了,盆里的水可黑了。我把皮球收进书包里,这时宋妈走进来换洗脸水,她"哟"了一声,指着脸盆说:

房荫下的老藤椅。"爸爸要在藤椅子上躺好久好久,跟妈妈谈这谈那……"——林海音《城南旧事》。我并不计较那是躺的藤椅还是坐的藤椅,我看中的是,在藤椅上看书、抽烟、静想、晒太阳,或是与相知谈天说地,有儿围绕膝下,和妻子唠唠家常,更或是撒一些谷粒,有雀鸽在地上蹦蹦跳跳啄食……。在学问中、平凡中、情感中、闲散中,我们发现了自己,并将闲散化作了自由与哲学的代名词。(摄于盛芳胡同〔原什坊院、小井胡同并入〕)

"这是你的脸?多干净呀!"

"比你的臭小脚干净!"我说完噗哧笑了。我也不知为什么想到宋妈的脚,大概是因为她的脚裹得太严紧了。妈妈说过,那里面是臭的。

宋妈也笑了,她说:

"你嘴厉害不是?咬不动烧饼可别哭呀!"

咬不动烧饼,实在是我每天早晨吃早点的一件痛苦的事。我的大牙都被虫蛀了,前面的又掉了两个,新的还没长出来,所以我就没法把烧饼麻花痛痛快快地吃下去。为了慢慢地吃早点,我迟到了;为了吃时碰到虫牙我疼得哭了。那么我就宁可什么也不吃,饿着肚子上学去。

我把书包挂在肩膀上,自己上学去。出了新帘子胡同照直向城门走去,兴华门虽然打通了,但是还没有做好,城门里外堆了一层层的砖土,车子不通行,只有人可以走过。早晨的太阳照在土坡上,我走上土坡,太阳就照满我的全身,我虽然没吃早点,但很舒服,就在土坡上站了一会儿,看着来来往往的行人。手扶着书包正碰着鼓起来的皮球,不由得想到了空草地里的情景,那个厚厚嘴唇的男人,他到底是干吗的?

我呆想了一会儿,便走下坡来,出了兴华门,马上就到学校了。

五年级的童子军把着校门,他们的样子多凶啊!但是多让人羡慕啊!我几时能当上童子军呢?

"书包里是什么?"童子军指着我的书包问。

我吓了一跳。

"是皮球,还给刘平的。"我说话都有点哆嗦了,我真怕他们。

童子军对我很好,他没有检查,手一挥,放我进去了。我可看见他从别的同学的裤袋里查出蚕豆来,查出山楂糖来,全给没收了。不许带吃的。

进了教室,我掏出皮球来给刘平,他愣着,大概忘了,我说:

"是你们那天丢的皮球呀!"

他这才想起来,很高兴地接过去,也不说声谢谢。

有一些同学们在吵吵闹闹,他们说,欢送毕业同学全校要开个游艺会,在大礼堂,每一班都要担任游艺会的一项表演节目,吵的就是我们这班会表演什么呢?我真奇怪,他们的消息从哪儿得来的?我怎么就不知道这些事情。

上课的时候,老师果然告诉我们,一、二年级的同学不会表演整出的话剧什么的,只好唱唱歌,跳跳舞。教跳舞唱歌的韩老师,要从一、二、三年级的同学里,挑出几个人来,合着演唱"麻雀与小孩"。啊!那是多么好听好看的一出歌舞啊!老师会选谁呢?会选我吗?我心跳了,因为我喜欢韩老师!她是我们附小韩主任的女儿。她冬天穿着一件藕合色的旗袍,周身镶了白兔皮的边,在大礼堂里教我们跳舞,拉圈儿的时候,她刚好拉着我的手。她的手又热又软,我是多么喜欢她,她喜欢我吗?……

"……还有林英子,当小麻雀。"

（上）**尘封的竹车和木椅。** 适应了院门过道儿的幽暗，才看清上面悬挂的老物件。竹车，那是哺养婴孩的；木椅，那是长辈们端坐读书的。现在，它们被尘封了，尘封了的又岂止这两个物件，它们是整整那个古城的文化时代，连同它们的沉宁、自由、缓慢、体贴、朴洁……都将送入历史的记忆仓库。（摄于西旧帘子胡同）

（下）**家门。** "我从土坡上下来，边走边想，走到家门口，就在门墩儿上坐下来，愣愣地没有伸手去拍门，因为我看见收买破烂货的挑子又停在隔壁人家门口了。"——林海音《城南旧事》。这是家门口，门板居中的下角，包镶上如意形的铁板，钉上数百个大铁钉，为的是保护门板，不易被碰坏；做成如意形，图个吉祥，也是装饰。脱落剥蚀的那些铁板铁钉，到哪里去找呢？它们几乎像粉末一样消失在时光里。（摄于宣武椿树南柳巷59号）

啊！我还在做梦呢，什么也没听见，什么？真的是在叫我的名字吗？

"林英子，从明天起，下了课要晚一点儿回家，每天都由韩老师教你们，到三甲的教室去，听明白了没有？记住，要告诉家里一声。"

我只觉得脸热，真高兴死了，同学们会多么羡慕我啊！去跟三年级的大同学一起跳舞，虽然我当的是小小麻雀，只管飞来飞去，并不要唱什么。

我觉得时间过得真慢，因为我要赶快回家告诉臭小脚宋妈，她一定会抱妹妹来看游艺会，我才不要她来！下课的时候，同学都围着我，问我跳舞那天穿什么衣裳？害怕不害怕？女同学都跑过来搂着我，好像我是她们每一个人的好朋友。

好容易放学该回家吃午饭了，我加快了脚步，抢在同学的前面走出来。进了兴华门，过了高高低低的土坡，再走一小段路，就到新帘子胡同了。胡同里的第三家，是所大房子，平常大门关得严严的，今天却难得的敞开了，门口围着许多人，巡警也来了，不知道是什么事。但是我下午还要上学，不能挤进人堆里去看，赶快跑回家来。

宋妈正在气喘呼呼地跟妈讲什么，妈惊奇地瞪着眼听，又摇头，又啧啧。

"这回可大发了，一共偷了三十件，八成是昨天天好拿出来晒衣服，让贼给瞄上了。"

"从外面怎么能看得见呢？不是黑大门的那家吗？我路过也难得看见他们打开门，总是阴森森的。"

"今天大门一敞开，咱们才看见，真是天棚石榴金鱼缸，院子可豁亮啦！"

"现在怎么样了呢？"

"巡警在那儿查呢！走，珠珠，咱们再看去，"宋妈领着小妹妹，回头看见了我，"小英子，你去不去看热闹？"

"热闹？人家丢了那么多东西，多着急呀，你还说是热闹呢！"我说完撇了她一嘴。

"好心没好报！"宋妈终于又抱着妹妹走了。

我在饭桌上告诉妈妈，我参加表演"麻雀与小孩"的事，妈妈很高兴，她

说要给我缝一件最漂亮的跳舞衣。我说:

"缝好了就锁在箱子里,不要让贼偷走啊!"

"不会啦,别说这丧话!"妈说。

我忍不住又问妈:

"妈,贼偷了东西,他放在哪儿呢?"

"把那些东西卖给专收贼赃的人。"

"收贼赃的人什么样儿?"

"人都是一个样儿,谁脑门子上也没刻着哪个是贼,哪个又不是。"

"所以我不明白!"我心里正在纳闷儿一件事。

"你不明白的事情多着呢!上学去吧,我的洒丫头!"

妈的北京话说得这么流利了,但是,我笑了:

"妈,是傻丫头,傻,ㄕㄚ傻,不是ㄙㄚ洒。我的洒妈妈!"说完我赶快跑走了。

四

因为放学后要练习跳舞,今天回来得晚一点儿。在兴华门的土坡上,我还是习惯地站了一会儿。城墙上面的那片天,是淡红的颜色了,海在这时也会变成红色的吗?我又默默地背起"我们看海去!我们看海去!……金红的太阳,从海上升起来,……"那么现在不可以说是"金红的太阳,从天上落下去"吗?对了,我将来要写一本书,我要把天和海分清楚,我要把好人和坏人分清楚,我要把疯子和贼子分清楚,但是我现在却是什么也分不清。

我从土坡上下来,边走边想,走到家门口,就在门墩儿上坐下来,愣愣地没有伸手去拍门,因为我看见收买破烂货的挑子又停在隔壁人家门口了。挑挑子的人呢?我不由得举起脚步走向空草地那边去。这时门前的空地上,只见远远的有一个男人蹲在大槐树底下,他没有注意我。我迈进破砖墙,拨开高草,一步步向里走。

还是那个老地方,我看见了他!

微弱的天光,讲桌、排椅,一片神圣。　　(摄于清华大学阶梯教室)

"是你!"他也蹲在那里,嘴里咬着一根青草。他又向我身后张望了一下。招手叫我也蹲下来。我一蹲下来,书包就落在地上了。他小声地说:

"放学啦?"

"嗯。"

"怎么不回家?"

"我猜你在这里。"

"你怎么就能猜出来呢?"他斜起头看我,我看他的脸,很眼熟。

"我呀!"我笑笑。我只是心里觉得这样,就来了,我并不真的会猜什么事,"你该来了!"

"我该来了?你这话是什么意思?"他惊奇地问。

"没有什么意思呀!"我也惊奇地回答:"你还有什么故事没跟我讲哪!不是吗?"

听。　庭院的那株枣树，疙疙瘩瘩、曲曲弯弯，倒挺耐看的。这不，一清早，麻雀儿在枣树上飞来，又飞去，唧唧喳喳，彼此呼叫着，你竟一点不嫌它吵。它不来，还觉着空了什么。是啊，有许多事物乍一看显得微不足道，只要置于广阔丰饶的心性情怀下，它就会变，变得比所有那些通常认为顶要紧的事物更为伟大，更为值得尊重和热爱。（摄于西松树胡同〔原松树胡同西段。下注子部分并入〕）

"对对对，咱们得讲信用。"他点点头笑了。他靠坐在墙角，身旁有一大包东西，用油布包着，他就倚着这大包袱，好像宋妈坐在她的炕头上靠着被褥垛那样。

"你要听什么故事儿？"

"你弟弟的，你的。"

"好，可是我先问你，我还不知道你叫什么名儿呢！"

"英子。"

"英子，英子，"他轻轻地念着，"名儿好听。在学堂考第几？"

"第十二名。"

"这么聪明的学生才考十二名？应当考第一呀！准是贪玩儿分了你的心。"

我笑了,他怎么知道我贪玩儿?我怎么能够不玩儿呢!

他又接着说:

"我就是小时候贪玩儿,书也没念成,后悔也来不及了。我兄弟,那可是个好学生,年年考第一,有志气。他说,他长大毕了业,还要飘洋过海去念书。我的天老爷,就凭我这没出息的哥哥,什么能耐也没有,哪儿供得起呀!奔窝头,我们娘儿仨,还常常吃了上顿没下顿呢!唉!"他叹了口气,"走到这一步上,也是事非得已。小妹妹,明白我的话吗?"

我似懂,又不懂,只是直着眼看他。他的眼角有一堆眼屎,眼睛红红的,好像昨天没睡觉,又像哭过似的。

"我那瞎老娘是为了我没出息哭瞎的,她现在就知道我把家当花光了,改邪归正做小买卖,她不知道我别的。我那一心啃书本的弟弟,更拿我当个好哥哥。可不是,我供弟弟念书,一心要供到让他飘洋过海去念书,我不是个好人吗?小英子,你说我是好人?坏人?嗯?"

学舍。　严整庄穆的学舍坐落在草坡古树的大自然中,也许校园的原义正在这里。(摄于海淀燕京大学旧址)

好人,坏人,这是我最没有办法分清楚的事,怎么他也来问我呢?我摇摇头。

"不是好人?"他瞪起眼,指着他自己的鼻子。

我还是摇摇头。

"不是坏人?"他笑了,眼泪从眼屎后面流出来。

"我不懂什么好人、坏人,人太多了,很难分。"我抬头看看天,忽然想起来了:"你分得清海跟天吗?我们有一课书,我念给你听。"

我就背起"我们看海去"那课书,我一句一句慢慢地念,他斜着头仔细地听。我念一句,他点头"嗯"一声。念完了我说:

(左)没有门把儿的锁。 虽然林海音、夏承楹两先生在南长街独特的老屋老门都被拆了,但他们对那老屋老门的记忆是决不会被拆掉的,而且,我还会拾尽残片递寄给他们,去加深并扩展他们的记忆!事物是相通的,生命是相通的,人类的情感是相通的。"独特"的真义,恰是它是"普遍和恒久"的。(摄于南长街西巷〔原西大街〕土地庙并入〕)

(中)街门的门插——旧的与半新不旧的。 还记得,我小时候住在宣武醋章胡同,是个小四合院,夜晚入睡前,大人们总是相互问一声:"街门上上了没有?"意思就是将门插插好,睡得安生。《顺天府志》:"纬缨胡同俗讹未央(英)。"西拴马桩之东与未英胡同之间为马杆胡同,再南为惜阴胡同,又称背阴胡同。再南为刚家大院。再南为高低胡同,再南即为宣武门内东城根。宣武门又称顺承门。(摄于未英胡同)

(右)红色木柜上的铜活儿。 铜活儿上黑褐色的油垢都让我们觉得好得不得了。岁岁月月,开开合合,擦擦抹抹,烟熏火燎……成了如此浑厚耐看的老物件。

**古亭式的烟囱口。** 查《燕都丛考》(陈宗蕃编著)："北新华街之西,在绒线胡同以南者,为旧帘子胡同之西头。又南,东为新帘子胡同,西为箭杆胡同。其南北直达者东为翠花街,西为未英胡同,亦称未央胡同。又西为西栓马桩,又西为油房胡同。"(摄于西旧帘子胡同)

"金红的太阳是从蓝色的大海升上来的吗?可是它也从蓝色的天空升上来呀?我分不出海跟天,我分不出好人跟坏人。"

"对,"他点点头很赞成我:"小妹妹,你的头脑好,将来总有一天你分得清这些。将来,等我那兄弟要坐大轮船去外国念书的时候,咱们给他

石狮。 古城流传着许多歇后语,您要不知道这城的宫阙寺庙,市井习俗,老字号,京华人物……,还真是丈二和尚,摸不着头脑。比如吧,卢沟桥的狮子——没法数;香山的卧佛——大手大脚;万春亭上谈心——说风凉话;前门楼子搭脚手——好大的架子;王致和的臭豆腐——闻着臭,吃着香;三十晚上吃饺子——没外人;天桥的把式——光说不练……。还要补一句:天安门的狮子——对摆着。(摄于东城张自忠路)

送行去,就可以看见大海了,看它跟天有什么不一样。"

"我们看海去!我们看海去!"我高兴得又念起来。

"对,我们看海去,我们看海去,蓝色的大海上,扬着白色的帆,……还有什么太阳来着?"

"金红的太阳,从海上升起来,……"

我一句句教他念,他也很喜欢这课书了,他说:

"小妹妹,我一定忘不了你,我的心事跟别人没说过,就连我兄弟算上。"

什么是他的心事呢?刚才他所说的话,都叫做心事吗?但是我并不完全懂,也懒得问。只是他的弟弟不知要好久才会坐轮船到外国去?不管怎么样,我们总算订了约会,订了"我们看海去"的约会。

## 五

妈妈那条淡青色的头纱,借给我跳舞用。她在纱的四角各缀上一个小小铃儿;我把纱披在身上,再系在小拇指上,当作麻雀的翅膀。我的手一舞动,铃儿就随着响,好听极了。

举行毕业典礼那天,同时也开欢送毕业同学会,爸妈都来了,坐在来宾席上,毕业同学坐在最前面,我们演员坐在他们后面。童子军维持秩序,神气死了,他们把童子军棍拦在礼堂的几个出入门口,不许这个进来,不许那个出去。典礼先开始了,韩主任发毕业证书,由考第一的同学代表去领取,那位同学上台领了以后,向韩主任鞠躬,转过身来又向台下大家一鞠躬,大家不住地鼓掌。我看这位领毕业文凭的同学很面熟,好像在那里见过,咦!我真"洒"!每天在同一个学校里,当然我总会见过他的呀!

我们唱欢送毕业同学离别歌:"长亭外,古道边,芳草碧连天,……问君此去几时来,来时莫徘徊。……"我还不懂这歌词的意思,但是我唱时很想哭,我不喜欢离别,虽然六年级的毕业同学我一个都不认识。

轮到我们的"麻雀与小孩"上场了,我心里又高兴,又害怕,这是我第一次登台。一场舞跳完,就像做梦一样,台下是什么样子,我一眼也不敢看,只听见嗡嗡的,还夹着鼓掌声。

我下了台,来到爸妈的来宾席。妈妈给我买了大沙果,玉泉山汽水和面包,我随便吃啦喝啦,童子军管不了喽!我并不愿意老老实实地坐在爸妈身边,便站起来,左看右看的,也为的让人家看见我就是刚才在台上的小麻雀。忽然,一晃眼,我看见一个熟悉的脸影,是坐在前边右面来宾席上的,他是?他侧过头来了,果然是他!我不知怎么,竟一下子蹲了下去,让前面的座位遮住我,我的脸好发烧,好像发生了什么事情。

我低下头想,他怎么也来了?是不是来看我?在那青草丛里,我对他讲过学校要开游艺会和我要表演的事了吗?如果他不是来看我,又是来看谁呢?

我蹲在妈妈的脚旁太久,妈轻轻地踢了我一脚说:

"起来呀！你在找什么？"

我从座位下站起身，挨着妈妈坐下来，低头轻轻地吃沙果，眼睛竟不敢向右前方看去。妈妈笑笑说：

"你不是说今天是特别日子，童子军不管同学吃零食的事吗？为什么还这么害怕？"

"谁说怕！"我把身子扭正过来。

这个大沙果是很难吃完的，因为我的牙！我吃着沙果，一边看台上，一边想心事。我想起来了，我想起来了，他的弟弟！一定是他考第一的弟弟在我们学校，就是领毕业证书的那个，我差点儿喊出来，幸亏沙果堵在嘴上，我只能从鼻子里"哼——"了一声。

游艺会仿佛很快地就闭幕了，我们都很舍不得地离开学校回家。回家来，我还直讲游艺会的事情，说了又说，说了又说，好像这一天的快乐，我永远永远都忘不了。爸爸很高兴，他说我这次期考居然进到十名以内了，要买点儿东西鼓励我，爸说：

"要继续努力啊！一年年地进步上去，到毕业的时候，要像今天那个考第一的学生，代表同学领毕业证书。想一想，那位同学的爸爸坐在来宾席上，该是多么高兴呀！"

"他没有爸爸！"我突然这样喊出来，自己也惊奇了，他准是我所认为的那个人的弟弟吗？幸亏爸爸没有再问下去。但是这时候却引起我要到一个地方去的念头。晚饭吃过了，天还不太晚，我溜出了家门。

在门外乘凉的人很多，他们东一堆，西一堆地在说话，不会有人注意我。我假装不在意地走向空草地去。草长得更高，更茂盛了，拨开它，要用点力气呢！草里很暗，我不知道为什么要到这里来，也不知道他在不在，我只是一股子说不出的劲儿，就来了。

他没有在这里，但是墙角可还有一个油布包袱，上面还压了两块石头。我很想把石头挪开，打开包袱看看，里面到底是些什么东西，但是我没敢这么做。我愣愣地看了一会儿，想了一会儿，眼睛竟湿了，我是想，夏天过去，秋

卖莲蓬的。　（摄于五根檩胡同）

天,冬天就会来了,他还会常常来这里吗?天气冷了怎么办?如果有一天,他的弟弟到外国去读书,那时他呢?还要到草地来吗?我蹲下来,让眼泪滴在草地上,我不知道为什么会这么伤心?我曾经有过一个朋友,人家说她是疯子,我却很喜欢她。现在这个人,人家又会管他叫什么呢?我很怕离别,将来会像那次离别疯子那样地和他离别吗?

地上有一个东西闪着亮,我捡起来看,是一个小铜佛,我随便地把它拿在手里,就转身走出草地了。

经过大槐树底下的时候,一个戴着草帽穿着对襟短褂的男人向我笑眯眯走过来,他说:

"小姑娘,你手里拿的是什么玩意儿呀?我看看行吗?"

有什么不行呢,我立刻递给他。

"这是哪儿来的?你们家的吗?"

"不是,"我忽然想起这不是我家的东西,我怎么能随便拿在手里呢!于

牛街。　古称柳河村。诗咏"柳湖古寺市南头，芳草间房处处幽"。今湖柳已逝。（摄于牛街五条）

是我就指着空草地里说：

"喏，那里捡来的。"

他听了点点头，又笑眯眯地还给我，但是我不打算要了，因为回家去爸爸知道我在外面捡东西也会骂的，我就用手一推，说：

"送给你吧！"

"谢谢你哟！"他真是和气，一定是个好人啦！

六

天气闷热，晚上蚊子咬得厉害，谁知半夜就下了一场大雨，一直下到大天亮。我们开完游艺会放三天假，三天以后再到学校去取作业题目，暑假就开始。今天不用上学了。

雨水把院子刷洗了一次，好干净！墙边的喇叭花被早晨的太阳一照，开得特别美。走到墙角，我忽然想起了另一个墙角。那个油布包袱，被雨冲坏了吗?还有他呢?

我想到这儿,就忍不住跑出去,也不管会不会被别人看见。青草还是湿的,一拨开,水星全打到我的身上来、脸上来。

他果然在里面!但他不是在游艺会上的样子了,昨天他端端正正地坐在礼堂里,腰板儿是直的,脖子是挺的。现在哪!他手上是水和泥,秃头上也是水珠子。他坐在什么东西上,两手支撑着下巴,厚厚的上嘴唇咬着厚厚的下嘴唇,看见我去了,也没有笑,他一定是在想他的心事,没有理会我。

好一会儿,他才问我:

"小英子,我问你,你昨天有没有动过这包袱?"

我摇摇头。斜头看那包袱,上面压着的石头没有了,包袱也不像昨天那样整齐了。

"我想着也不是你,"他低下头自言自语的,"可是,要是你倒好了。"

"不是我!"我要起誓:"我搬不动那上面的石头。"我停了一下终于大胆地说:"而且,我昨天学校开游艺会,你也知道。"

"不错,我看见你了。"

我笑笑,希望他夸我小麻雀演得好,但是他好像顾不得这些了,他拉过我的手,很难过地说:

"这地方我不能久待了,你明白不?"

我不明白,所以我直着眼望他,不点头,也不摇头。他又说:

"不要再到这儿找我了,咱们以后哪儿都能见着面,是不是?小妹妹,我忘不了你,又聪明,又伶俐,又厚道。咱们也是好朋友一场哪!这个给你,这回你可得收下了。"

他从口袋掏出一串珠子,但是我不肯接过来。

"你放心,这是我自个儿的,奶奶给我的玩意儿多啦!全让我给败光了,就剩下这么一串小象牙佛珠,不知怎么,挂在镜框上,就始终没动过,今天本想着拿来送给你的,这是咱们有缘。小英子,记住,我可不是坏人呀!"

他的话是诚实的,很动听,我就接过来了,绕两绕,套在我的手腕上。

我还有许多话要跟他说呢,比如他的弟弟,昨天的游艺会,但是他扶着我的肩膀说:

"回去吧,小英子,让我自个儿再仔细想想。这两天别再来了,外面风声仿佛——唉,仿佛不好呢!"

我只好退出来了,我迈出破砖墙,不由得把珠串子推到胳膊上去,用袖子遮盖住,我是怕又碰见那个不认识的男人来要了去。

## 七

一天过去,两天过去,到了我到学校取暑假作业题目的日子了。

美丽的韩老师正在操场上学骑车,那是一种多么时髦的事情呀!只有韩老师才这么赶时髦。她骑到我的面前停下了,笑笑对我说:

"来拿作业呀!"

我点点头。

"暑假要快乐地过,下学期很快就开学了,那时候,你作业做好了,你的新牙也长出来了,兴华门也可以通车子了!"

她的话多么好听,我笑了。但是想起牙,连忙捂住嘴,可是太好笑了,我的新牙虽然没有长出来,可也要笑,我就哈哈地大笑起来,韩老师也扶着车把大笑了。

我和几个同路的同学一路回家,向兴华门走,土坡儿已经移开了许多,韩老师说得不错,下学期开学,一定可以有许多车辆打这里经过,韩老师当然也每天骑了车来上课啦。她骑在车上像仙女一样,我在路上见了她,一定向她招手说:"韩

（左）砖印文：宝祥窑细泥停城砖、口口窑澄浆停城砖。　（摄于南新华街临街砖墙）
（右）临街而立的旧楼老铺。　（摄于大栅栏廊房二条）

老师,早!"

走进新帘子胡同,觉得今天特别热闹似的,人们来来往往的,好像在忙一件什么事。也有几个巡警向胡同里面走去。又是谁家丢了东西吗?我的心跳了,忽然觉得有什么不幸。

越到胡同里面,人越多了。"走,看去!""走,看去!"人们都这么说,到底是看什么呢!

我也加紧了脚步,走到家门口时,看见家家的门都打开了,人们都站在门口张望,又好像在等什么,有的人就往空草地那面走去,大槐树底下也站满了人。

我家门墩上被刘平和方德成站上去了。宋妈抱珠珠也站在门口,妈妈可躲在大门里看,她这叫规矩。

"怎么啦,宋妈?"我扯扯宋妈的衣襟问。

"贼!逮住贼啦!"宋妈没看我,只管伸着脖子向前探望着。

"贼?"我的心一动,"在哪儿?"

"就出来,就出来,你看着呀!"

人们嗡嗡地谈着,探着头。

"来啦!来啦!出来啦!"

我的眼前被人群挡住了,只看见许多头在攒动。人们从草地那边拥着过来了。

"就是他呀!这不是收买破铜烂铁的那小子吗?"

前面一个巡警手里捧着一个大包袱,啊!是那个油布包袱!那么一定是逮住他了,我拉紧了宋妈的衣角。

"好嘛!"有人说话了:"他妈的,这倒方便,就在草堆里窝赃呀!"

"小子不是做贼的模样儿呀!人心大变啦!好人坏人看不出来啦!"

一群人过来了,我很害怕,怕看见他,但是到底看见了,他的头低着,眼睛望着地下,手被白绳子捆上了,一个巡警牵着。我的手满是汗。

在他的另一边,我又看见一个人,就是那个在槐树下跟我要铜佛的男人!他手里好像还拿着两个铜佛。

"就是那个便衣儿破的案,他在这儿憋了好几天了。"有人说。

"哪个是便衣儿?"有人问。

"就是那个戴草帽儿的呀!手里还拿着贼赃哪!说是一个小姑娘给点引路才破了案。……"

我慢慢躲进大门里,依在妈妈的身边,很想哭。

宋妈也抱着珠珠进来了,人们已经渐渐地散去,但还有的一直追下去看。妈妈说:

"小英子,看见这个坏人了没有?你不是喜欢作文章吗?将来你长大了,就把今天的事儿写一本书,说一说一个坏人怎么做了贼,又怎么落得这么个下场。"

"不!"我反抗妈妈这么教我!

我将来长大了是要写一本书的,但绝不是像妈妈说的这么写。我要写的是:

"我们看海去"。

**老院门。** 尽管它破旧,但门面五官都一点没丢地保留着。"从早上吃完点心起,我就和二妹分站在大门口左右两边的门墩儿上,……"——林海音《城南旧事》(摄于西松树胡同)

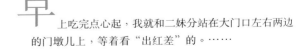

从早上吃完点心起,我就和二妹分站在大门口左右两边的门墩儿上,等着看"出红差"的。……

# 兰姨娘

阴阳瓦的老屋顶。 凡北京古旧的四合院,屋顶最常见的便是这阴阳瓦,防寒防热,不漏雨,经年历代。倘落了草籽,不管是风吹来的,飞鸟衔掉的,还会长草。草在屋上,人在屋下,不是很好么。阴阳瓦形成的瓦陇深,阳光一照,屋顶产生一条条重的沟影,沉穆中又有涌动,是古城独有的景致。(摄于西绒线胡同〔原绒线胡同〕)

一

从早上吃完点心起,我就和二妹分站在大门口左右两边的门墩儿上,等着看"出红差"的。这一阵子枪毙的人真多。除了土匪强盗以外,还有闹革命的男女学生。犯人还没出顺治门呢,这条大街上已经挤满了等着看热闹的人。

今天枪毙四个人,又是学生。学生和土匪同样是五花大绑坐在敞车上,但是他们的表情不同。要是土匪就热闹了,身上披着一道又一道从沿路绸缎庄要来的大红绸子,他们早喝醉了,嘴里喊着:

"过十八年又是一条好汉!"

"没关系,脑袋掉了碗大的疤瘌!"

"哥儿几个,给咱们来个好儿!"

看热闹的人跟着就应一声:

"好!"

是学生就不同了,他们总是低头不语,群众也起不了劲儿,只默默的拿可怜的眼光看他们。我看今天又是枪毙学生,就想起这几天妈妈的忧愁,她前天才对爸爸说:

"这些日子,风声不好,你还留德先在家里住,他总是半夜从外面慌慌张张地跑来,怪吓人的。"

爸爸不在乎,他伸长了脖子,用客家话反问了妈一句:

"惊么该?"

"别说咱们来往的客人多,就是自己家里的孩子佣人也不少,总不太好吧?"

爸爸还是瞧不起地说:

"你们女人懂什么?"

我站在门墩儿上,看着一车又一车要送去枪毙的人,都是背了手不说话的大学生,不知怎么,便把爸妈所谈的德先叔连想起来了。

德先叔是我们的同乡,在北京大学读书,住在沙滩附近的公寓里,去年开同乡会跟爸认识的。爸很喜欢他,当做自己的弟弟一样。他能喝酒,爱说话,和爸很合得来,两个人只要一碟花生米,一盘羊头肉,四两烧刀子,就能谈到半夜。妈妈常在背地里用闽南语骂这个一坐下就不起身的客人:"长屁股!"

半年以前的一天晚上,他慌慌张张地跑来我们家,跟爸用客家话谈着。总是为一件很要命的事吧,爸把他留在家里住了。从此他就在我们家神出鬼没的,爸却说他是一个了不起的新青年。

我是大姐,从我往下数,还有三个妹妹,一个弟弟,除了四妹还不会说话以外,我敢说我们几个人都不喜欢德先叔,因为他不理我们,这是第一个原因。还有就是他的脸太长,戴着大黑框眼镜,我不喜欢这种脸。再就是,他来了,妈要倒霉,爸要妈添菜,还说妈烧不好客家菜,酿豆腐味儿淡啦!白斩鸡

吕祖阁的筒瓦和吻兽。 《燕都丛考》:"翠花街之东与北新华街间之小胡同为翠花湾,为真武庙,为南所,为西夹道,为东夹道,为小大院,为横街。"(摄于吕祖阁西夹道,现明光胡同)

不够嫩啦!有一天妈高高兴兴烧了一道她自己的家乡菜,爸爸吃着明明是好,却对德先叔说:

"他们福佬人就知道烧五柳鱼!"

凭了这些,我也要站在妈妈这一头儿。德先叔每次来,我对他都冷冷的,故意做出看不起他的样子,其实他并不注意。

虽然这样,看着过出差的,心里竟不安起来,仿佛这些要枪毙的学生,跟德先叔有什么关系似的,还没等过完,我就跑回家里问妈:

"妈!德先叔这几天怎么没来?"

"谁知道他死到哪儿去了!"妈很轻松地回答。停一下,她又奇怪地问我:"你问他干吗?不来不是更好吗?"

"随便问问。"说完我就跑了,我仍跑回门外大街上去,刚才街上的景象全没有了。恢复了这条街每天上午的样子。卖切糕的,满身轻快地推着他的独

轮车,上面是一块已经冷了的剩切糕,孤零零地插在一根竹签上。我的两个门牙刚掉,卖切糕问我买不买那块剩切糕,我摇摇头,他开玩笑说:

"对了,大小姐,你吃切糕不给钱,门牙都让人摘了去啦!"

我使劲闭着嘴瞪他。

到了黄昏,虎坊桥大街另是一种样子啦。对街新开了一家洋货店,门口坐满了晚饭后乘凉的大人小孩,正围着一个装了大喇叭的话匣子,放的是"百代公司特请谭鑫培老板唱洪羊洞",唱片发出沙沙的声音,针头该换了。二妹说:

"大姐,咱们过去等着听洋大人笑去。"我们俩刚携起手跑,我又看见从对街那边,正有一队光头的人,向马路这边走来,他们穿着月白竹布褂,黑布鞋,是富连成科班要到广和楼去上夜戏。我对二妹说:

"看,什么来了!咱们还是回来数烂眼边儿吧!"

我和二妹回到自己家门口,各骑在一个门墩儿上,静等着,队伍过来了,打头领队的个子高大,后面就是由小到大排下去。对街"洋大人笑"开始了,在"哈哈哈"的伴奏中,我每看队伍里过一个红烂着眼睛的孩子,就大喊一声:

"烂眼边儿!"

二妹说:"一个!"

（左）老戏楼的戏台和二层看台。　　"我又看见从对街那边，正有一队光头的人，向马路这边走来，他们穿着月白竹布褂，黑布鞋，是富连成科班要到广和楼去上夜戏。"——林海音《城南旧事》（摄于宣武后孙公园胡同安徽会馆戏楼旧址）

（中）旧戏楼的天顶。　　京剧有闻名于时的四大须生，系指马连良、谭富英、杨宝森、奚啸伯，这四位在30年代之后成为老生演员的名角。还有四大名旦，系指20年代先后成名的梅兰芳、程砚秋、荀慧生、尚小云四位京剧旦角演员，他们造诣精深，各成流派，享誉京城。（摄于安徽会馆戏楼旧址）

（右）旧戏楼舞台的后台。　（摄于后孙公园〔安徽会馆旧址东侧〕）

　　我再说："烂眼边儿！"

　　二妹说："两个！"

　　烂眼边儿，三个！烂眼边儿，四个！……今天共得十一个。富连成那些学戏的小孩子，比我们大不了多少，我们喊烂眼边儿，他们连头也不敢斜一斜，默默地向前走，大褂的袖子，老长老长，走起路来，甩搭甩搭的，都像傻子。

　　我们正数得高兴，忽然一个人走近我的面前来，"嘿"的一声，吓我一跳，原来是施家的小哥，他也穿着月白竹布大褂。他很了不起地问我：

　　"英子，你爸妈在家吗？"

　　我点点头。

　　他朝门里走，我们也跟进去，问他什么事，他理也不理我们，我准知道他找爸妈有要紧的事。一进卧室的门，爸妈正在谈什么，看见小哥进来，他们仿佛愣了一下。小哥上前鞠躬，然后像背书一样地说：

　　"我爸叫我来跟林阿叔林阿姆说，如果我家兰姨娘来了，不要留她，因为我爸把她赶出去了。"

这时妈走到通澡房的门口,我听见里面有哗啦哗啦的水声。爸点点头说:"好,好,回去告诉你爸爸,放心就是了。"

(左)(德义号)洋货庄。 字,虽经泥灰胶漆覆盖涂抹,今仍可辨认。涂抹也成了旧迹。(摄于前门大江胡同〔原大蒋家胡同〕)

(右上)临街铺面的楣额。 是个什么店铺,弄不清了。砖雕的老字号,被抹上了白灰,那是文化专制时期留下的涂迹。专制家们,似乎是想掩盖过去不属于自己的悠长历史,可抹灰的本身,也成了不曾预料的抹不掉的一段称为浩劫的自己的历史。究竟谁浩劫了谁,没说。店铺,东邻四川饭店,西边,还有个"瑞宝银楼首饰老店",几十年前就人去楼空,只剩下有檐板上的字号。(摄于西绒线胡同〔原绒线胡同〕)

(右下)振亿木厂的砖雕字号。 走在西草厂、梁家园、铁门、宏业里一带,眼睛不停地在上下搜索着胡同两边的旧屋老墙。当看到这残砖字号,如同捕捉了猎物一样兴奋,并引得这院的几位住户走出门与我们攀谈。其中一位正是这木厂厂主的后代。她告诉:除了字号,还有门联呢!由于年代久远门上的字迹模糊,随即主人在纸上写下:振作群材南金东箭,亿兴百业输巧楼明。(摄于宣武椿树铁门胡同〔原铁门。铁门坎并入〕7号)

小哥又一深鞠躬告退，还是那么正正经经，看也不看我们一眼。小哥走后，爸爸苏苏的喝着香片茶，妈在点蚊香，两人都没说话。澡房的门打开了，呀！热气腾腾中，走出来的正是施家的兰姨娘！她是什么时候来的？她穿着一身外国麻纱的裤褂，走出来就平平衣襟，向后拢拢头发，笑眯眯地说：

"把在他们施家的一身晦气，都洗刷净啦！好痛快！"

妈说：

"小哥刚才来了，你知道吧？"

"怎么不知道！"兰姨娘眉毛一挑，冷笑说："说什么？他爸把我赶出来了？怪不错的！我要走，大少奶奶还直说瞧她面子算了呢！这会儿又成了他赶我的喽！啧啧啧！"她的嘴直撇，然后又说："别人留我不留，他也管得了？拦得住？——走，秀子，跟我到前院去，叫你们家宋妈给我煮碗面吃。"说着她就拉着二妹的手走出去了。爸爸一直微笑地看着兰姨娘，伸长了脖子，脚下还打着拍子。

妈脸上一点笑容都没有，兰姨娘出去了，她才站在桌子前，冲着爸的

（左上）**挂招幌的勾架。** 老北京把商店的前门叫做"门脸儿"，也叫"铺面"。匾额必求书法名家书写，然后精雕细刻，重漆贴金，制成招牌，悬于门额，同时再挂上行业传统并为人所公认的招幌。此照为斜街最老的专卖烟袋的店铺，二层木楼，大概街正由此店而得名。至今门楣处留有"京师总商会"金属徽记，可见来历不浅。现招牌匾不复存，只有勾架仰空。（摄于地安门烟袋斜街）

（右下）**屏门上的字：整齐。** 此院屏门残破，以铁管木条牢固，人出入通道的右手为"整齐"，左手为"严"，缺一个"肃"。就是这褪色残破的屏门，今日也绝难见到了。（摄于宣武南柳巷胡同〔柳条胡同并入〕）

后背说：

"施大哥还特意打发小哥来说话，怎么办呢？"

"惊么该？"爸的脑袋挺着。

"怕什么？你总是招些惹事的人来！好容易这几天神出鬼没的德先没来，你又把人家下堂的姨太太留下了，施大哥知道了怎么说呢？"

"你平常跟她也不错，你好意思拒绝她吗？而且小哥迟来了一步，是她先进门的呀！"

这时候兰姨娘进来了，爸妈停止了争论，妈没好气地叫我：

"英子,到对门药铺给我买包豆蔻来,钱在抽屉里。"

"林太太,你怎么,又胃疼啦?林先生,准又是你给气的吧?"兰姨娘说完笑嘻嘻的。

我从抽屉里拿了三大枚,心里想着:豆蔻嚼起来凉苏苏的,很有意思。兰姨娘在家里住下多么好!她可以常常带我到城南游艺园去,大戏场里是雪艳琴的"梅玉配",文明戏场里是张笑影的"锯碗丁",大鼓书场里是梳辫子的女人唱大鼓,还要吃小有天的冬菜包子。我一边跑出去,一边高兴地想,眼里满都是那锣鼓喧天的欢乐场面。

## 二

兰姨娘在我们家住了一个礼拜了,家里到处都是她的语声笑影。爸上班去了,妈到广安市场买菜去了,她跟宋妈也有说有笑的。她把施家老伯伯骂个够,先从施伯伯的老模样儿说起,再说他的吝啬,他的刻薄,他的不通人情,然后又小声和宋妈说些什么,她们笑得吱吱喳喳的,奶妈高兴得眼泪都挤出来了。

兰姨娘圆圆扁扁的脸儿,一排整整齐齐的白牙,我最喜欢她左边那颗镶金的牙,笑时左嘴角向上一斜,金牙就很合适地露出来。左嘴巴还有一处酒涡,随着笑声打漩儿。

她的麻花髻梳得比妈的元宝髻俏皮多了,看她把头发拧成两股,一来二去就盘成一个髻,一排茉莉花总是清幽幽、半弯身的卧在那髻旁。她一身轻俏,掖在右襟上的麻纱手绢,一朵白菊花似的贴在那

里。跟兰姨娘坐一辆洋车上很舒服,她搂着我,连说:"往里靠,往里靠。"不像妈,黑花丝葛的裙子里,年年都装着一个大肚子。跟妈坐一辆洋车,她的大肚子把我顶得不好受,她还直说:"别挤我行不行!"现在妈又大肚子了。

有了兰姨娘,妈做家事倒也不寂寞,她跟妈有诉说不尽的心事,奶妈,张妈,都喜欢靠拢来听,我也"小鱼上大串儿"地挤在大人堆里,仰头望着兰姨娘那张有表情的脸。她问妈说:

"林太太,你生英子十几岁?"

"才十六岁。"妈说。

兰姨娘笑了:

"我开怀也只十六岁。"

"什么开怀?"我急着问。

"小孩子别乱插嘴!"妈叱责我,又向兰姨娘说:"当着孩子说话要小心,英子鬼着呢,会出去乱说。"

兰姨娘叹了口气:

"我十四岁从苏州被人带进了北京,十六岁那什么,四年见识了不少人,二十岁到底还是跟了施大这个老鬼,……"

"施大哥今年到底高寿了?"妈打岔问。

"管他多大!六十,七十,八十,反正老了,老得很!"

"我记得他是六十——六十几来着?"妈还是追问。

"他呀,"兰姨娘噗哧笑了,看看我:"跟英子一般大,减去一个甲子,才八岁!"

"你倒也跟了他五年了,你今年不是二十五岁了吆?"

"别看他六十八岁了,硬朗着呢!再过下去,我熬不过他,他们一家人对付我一个人,我还有几个五年好活!我不愿意把年轻的日子埋在他们家。可是,四海茫茫,我出来了,又该怎么样呢?我又没有亲人,苏州城里倒有一个三岁就把我卖了的亲娘,她住在哪条街上,我也记不得了呀!就记得那屋里有一盏油灯,照着躺在床上的哥哥,他病了,我娘坐在床边哭,应该就是为了这

临街的老店铺。 （摄于烟袋斜街24号）

病哥哥才把我卖的吧!想起来梦似的,也不知道是我乱想的,还是真的……"

兰姨娘说着,眼里闪着泪光,是她不愿意哭出来吧,嘴上还勉强笑着。

妈不会说话,笨嘴拙舌的,也不劝劝兰姨娘。我想到去年七月半在北海看烧法船的时候,在人群里跟妈撒开了手,还急得大哭呢,一个人怎么能没有妈?三岁就没了妈,我也要哭了,我说:

"兰姨娘,就在我们家住下,我爸爸就爱留人住下,空房好几间呢!"

"乖孩子,好心肠,明天书念好了当女校长去,别嫁人,天底下男人没好的!要是你爸妈愿意,我就跟你们家住一辈子,让我拜你妈当姐姐,问她愿意不愿意?"兰姨娘笑着说。

"妈愿意吧?"我真的问了。

"愿——意呀!"妈的声音好像在醋里泡过,怎么这么酸!

我可是很开心,如果兰姨娘能够好久好久地停留在我们家的话。她怎么也说我要当女校长呢?有一次,我站在对街的测字摊旁看热闹,测字的先生忽然从他的后领里抽出一把摺扇,指着我对那些要算命的人说:"看见没有?这个小姑娘赶明儿能当女校长,她的鼻子又高又直,主意大着呢!有男人气。"兰姨娘的话,测字先生的话,让人听了都舒服得很,使我觉得自己很了不起。

爸对兰姨娘也不错,那天我跟着爸妈到瑞蚨祥去买衣料,妈高高兴兴地为我和弟弟、妹妹们挑选了一些衣料之后,爸忽然对我说:

"英子,你再挑一件给你兰姨娘,你知道她喜欢什么颜色的吗?"

"知道知道,"我兴奋得很,"她喜欢一件蛋青色的印度绸,镶上一道黑边儿,再压一道白芽儿,……"我比手划脚说得高兴,一回头看见坐在玻璃柜旁的妈,妈正皱着眉头在瞪我。伙计早把深深浅浅的绸子捧来好几匹,爸挑了一色最浅的,低声下气地递到妈面前说:

"你看看这料子还好吗?是真丝的吗?"

妈绷住脸,抓起那匹布的一端,大把的一攥,拳头紧紧的,像要把谁攥死。手松开来,那团绸子也慢慢散开,满是绉痕,妈说:

"你看好就买吧,我不懂!"

清华学堂。梅贻琦（1931年任清华大学校长）有名言："所谓大学者，非谓有大楼之谓也，有大师之谓也。"（摄于清华大学）

  我也真不懂妈为什么忽然跟爸生气，直到有一天，在那云烟缭绕的鸦片烟香中，我才也闻出那味道的不对。

  那个做九六公债的胡伯伯，常来我家打牌，他有一套烟具摆在我们家，爸爸有时也躺在那里陪胡伯伯玩两口。

  兰姨娘很会烧烟，因为施伯伯也是抽大烟的。是要吃晚饭的时候了，爸和兰姨娘横躺在床上，面对面，枕着荷叶边的绣花枕头，上面是妈绣的拉锁牡丹花，中间那份烟具我很喜欢，像爸给我从日本带回来的一盒玩具。白铜烟盘里摆着小巧的烟灯，冒着青黄的火苗，兰姨娘用一根银签子从一个洋钱形的银盒里挑出一撮烟膏，在烟灯上烧得嗞嗞地响，然后把烟泡在她那红红的掌心上滚滚，就这么来回烧着滚着，烧好了插在烟枪上，把银签子抽出来，中间正是个小洞口。烟枪递给爸，爸噘着嘴，对着灯火苏苏地抽着。我坐在小板凳上看兰姨娘的手看愣了，那烧烟的手法，真是熟巧。忽然，在喷云吐雾里，兰姨娘的

手,被爸一把捉住了,爸说:

"你这是朱砂手,可有福气呢!"

兰姨娘用另一只手把爸的手甩打了一下,抽回手去,笑瞪着爸爸:

"别胡闹!没看见孩子?"

爸也许真的忘记我在屋里了,他侧抬起头,冲我不自然地一笑,爸的那副嘴脸!我打了一个冷战,不知怎么,立刻想到妈。我站起来,掀起布帘子,走出卧室,往外院的厨房跑去,我不知道为什么要在这时候找母亲,跑到厨房,我喊了一声:"妈!"背手倚着门框。

妈站在大炉灶前,头上满是汗,脸通红,她的肚子太大了,向外挺着,挺得像要把肚子送给人!锅里油热了,冒着烟,她把菜倒在锅里,才回过头来不耐烦地问我:

"干么?"我回答不出,直着眼看妈的脸,她急了,又催我:"说话呀!"

我被逼得找话说,看她呱呱呱的用铲子敲着锅底,把炒熟的菜装在盘子里,那手法也是熟巧的,我只好说:

"我饿了,妈。"

妈完全不知道刚才的那一幕使我多么同情她,她只是骂我:

"你急什么?吃了要去赴死吗?"她扬起锅铲赶我:"去去去,热得很,别在我这儿捣乱!"

在我的泪眼中,妈妈的形象模糊了,我终于"哇"的一声哭了出来。宋妈把我一把拉出了厨房,她说什么?"一点儿都不知道心疼你妈,看这么热天,这么大肚子!"

我听了跳起脚来哭。

兰姨娘也从里院跑出来了,她说:

"刚才不是还好好的吗?这会功夫怎么又捣乱捣到厨房来啦!"

妈说:

"去叫她爸爸来揍她!"

天快黑了,我被围在家中女人们的中间,她们越叫我吃饭,我越伤心;她们越说我不懂事,我越哭得厉害。

在杂乱中,我忽然看见一个白色的影子从我身旁擦过,是——是多日不见的德先叔,他连看都不看我一眼,直往里院走。看着他那轻飘飘白绸子长衫的背影,我咬起牙,恨一切在我眼前的人;包括德先叔在内。

中山公园格言亭。 《北京传统文化便览》(陈文良主编):"格言亭位于北坛(社稷坛)门之北,是一座白色大理石圆形亭子,亭有八柱,每根柱上刻满古代名贤格言。"林海音先生曾长久保留着一张老照片,上写有"考上小学那天,与庭叔及燕珠三妹到中央公园(即中山公园)格言亭前留影纪念(1925)"不知是哪里出了误差,其背景非格言亭而是公园的另一碑亭。就让海音保存原来的记忆吧!不必唤醒,因为,美的记忆是不能用"对、错"来检验的。今摄格言亭,算是送给她的一张小画片,博她一乐。(摄于中山公园)

## 三

第二天早晨,我是全家最迟起来的人,醒来我还闭着眼睛想,早点是不是应当继续绝食下去?昨天抽大烟闹朱砂手的事,给我的不安还没有解开,她使我想到几件事:我记得妈跟别人说过,爸爸在日本吃花酒,一家挨一家,吃一整条街,从天黑吃到天亮,妈就在家里守到天亮,等着一个醉了的丈夫回来。我又记得我们住在城里时,每次到城南游艺园听夜戏回来,车子从胭脂胡同、韩家潭穿过时,宋妈总会把我从睡梦中推醒:"醒醒,醒醒,大小姐!看,多亮!"我睁开眼,原来正经过辉煌光亮的胡同,各家门前挂着围了小电灯扎彩的镜框,上面写着什么"弟弟""黛玉""绿琴"等等字样,奶妈跟我说过,兰姨娘没到施伯伯家以前,也是在这种地方住。她们是刮男人的钱、毁男人的家的坏东西!因为这样,所以一看到爸和兰姨娘那样的事,觉得使妈受了委屈,使我们都受了委屈。把原来喜欢兰姨娘的心,打了大大的折扣,我又恨,又怕。

我起床了,要到前院去,经过厢房时,一晃眼看见兰姨娘正在窗前的桌上摸骨牌,玩她的过五关斩六将,我装着没看见,直走过去,因为心中还恨恨的。

"英子!"兰姨娘隔着窗子在叫我。

我不得不进屋了,兰姨娘推开桌上的骨牌,站起来拉着我的手,温柔地说:

"看你这孩子,昨天一晚上把眼睛都哭肿了,饭也没吃。"她抚摸着我的头发,我绷着劲儿,一点笑容都没有。

她又说:

"别难过,后天就是七月十五了,你要提什么样的莲花灯,兰姨娘

(上)森森柏林,屯甲联云,峥嵘奇崛,旁若无人——此中山公园内千年柏树之伟状。　　中山公园(原中央公园)有古柏六百余株,大多百年之上。有七株异常粗壮,参天蔽日,郁郁悠悠,乃千年古木。最巨者,千围竟一丈九尺。据查,柏林曾是辽代陪都"南京"城(幽州)东北部兴国寺的寺址,柏为其遗物。"每天黄昏,公公都到中山公园柏树林下的春明茶馆,或到来今雨轩与老友聚晤,谈天下棋,吃一碗雪菜肉丝面,入夜才各自回家。"——夏祖丽《林海音传》

(左)品茗——茶坞木桌上的壶与杯。　　"从中山公园旁的冰窖门进去,便是柏斯馨,长美轩,春明馆这一带古松柏下的茶座了。上午游人很少,茶座没有完全摆出来,很清静。"——林海音《婚姻的故事》。我们没有赶上二三十年代在中山公园茶座上喝茶,那时——能望见鲁迅、钱玄同、马叙伦、傅斯年、胡适之等那些大师学者伏案写作,小饮交谈,能在投满大荫的古柏林下享受自然的清寂,能在自由而清逸中品出人性的情趣。今天,在这儿,拍下这壶与杯,是对大师"心向往之"。(摄于中山公园四宜轩茶坊)

给你买。"

我摇摇头,她又自管自地接着说:

"你不是说要特别花样的吗?我帮你做个西瓜灯,好哎?要把瓜吃空了,皮削脱,剩薄薄格一层瓤子,里面点上灯,透明格,蛮有趣。"

兰姨娘话说多了,就不由得带了她家乡的口音,轻轻软软,多么好听!我被她说得回心转意了,点点头。

她见我答应了也很高兴,忽然又闲话问我:

"昨天跟你爸瞎三话四,讲到半夜的那只四眼狗是什么人?"

"四眼狗?"我不懂。

兰姨娘淘气地笑了,她用手掌从脸上向下一抹,手指弯成两个圈,往眼睛上一比:

"喏!就是这个人呀!"

"啊——那是我德先叔。"

这时,不知是什么心情,忽然使我站在德先叔这一边了,我有意把德先叔叫得亲热些,并且说:

这里太冷清了! 北京古城真有几处清冷,几处音绝,几处"古调世间稀"。太庙柏林的静穆,陶然亭草芦碑亭的荒疏,玉渊潭凌水淹枝和钓台残雪的宁逸……都不是一般人所能品味和领略的。"独钓寒江",的确要的是一种大气魄大胸怀和大境界,而且,那已经不属于欣赏,属于身心皆在其中了。(摄于海淀玉渊潭公园)

"他是很有学问的,所以要戴眼镜。他在北京大学念书,爸说,他是顶、顶、顶新的新青年,很了不起!"我挑着大拇指说,很有把兰姨娘卑贱的身分更压下去的意思。

"原来是大学生呀!"兰姨娘倒也缓和了,"那么就是你妈说过,常住在你们家躲风声的那个大学生喽?"

"是。"

"好,"兰姨娘点点头笑说:"你爸爸的心眼儿蛮好的,三六九等的人都留下了。"

我从兰姨娘的屋里出来,就不由得往前院德先叔住的南屋走去。我有权利去,因为南屋书桌抽屉里放着我的功课,我的小布人儿,我的《儿童世界》,德先叔正占用那书桌,我走进去就不客气地拉开书桌抽屉,翻这翻那,毫无目的。他被我在他身旁闹得低下头来看。我说:

"我的小刀呢?剪子呢?兰姨娘要给我做西瓜灯哪!"

"那个兰姨娘是你家什么人?我以前怎么没见过?"我多么高兴兰姨娘引起他的注意了。

"德先叔,你说那个兰姨娘好看不好看?"

"我不知道,我没看清楚。"

"她可看清楚你了,她说,你的眼睛很神气,戴着眼镜很有学问。"我想到"四眼狗",简直不敢正眼朝他脸上看,只听见他说:

"哦?——哦?"

吃午饭的时候,德先叔的话更多了,他不那样旁若无人地总对爸一个人说话了,也不时转过头向兰姨娘表示征求意见的样子,但是兰姨娘只顾给我挟菜,根本不留神他。

下午,我又溜到兰姨娘的屋里。我找个机会对兰姨娘说:

"德先叔夸你哩!"

"夸我?夸我什么呀?"

"我早上到书房去找剪刀,他跟我说:'你那个兰姨娘,很不错呀!'"

时时在望中。　　（摄于鼓楼赵府街）

"哟！"兰姨娘抿着嘴笑了，"他还说什么？"

"他说——他说，他说你像他的一个女同学。"我瞎说。

"那——人家是大学堂的，我怎么比得了！"

晚饭桌上，兰姨娘就笑眯眯的了，跟德先叔也搭搭话。爸更高兴，他说："我这个人就是喜欢帮助落难的朋友，别人不敢答应的事，我不怕！"说着，他就拍拍胸脯。爸酒喝得够多，眼睛都红了，笑嘻嘻斜乜着眼看兰姨娘。妈的脸色好难看，站起来去倒茶，我的心又冷又怕，好像和妈妈被丢在荒野里。

我整日守着兰姨娘，不让她有一点点机会跟爸单独在一起。德先叔这次住在我们家倒是很少出去，整天呆在屋里发愣，要不就在院子里晃来晃去的。

七月十五日的下午，兰姨娘的西瓜灯完成了。一吃过晚饭，天还没有黑，

我就催着兰姨娘、宋妈,还有二妹,点上自己的灯到街上去,也逛别人的灯。临走的时候,我跑到德先叔的屋里,我说:

"我和兰姨娘去逛莲花灯,您去不去?我们在京华印书馆大楼底下等您!"说完我就跑了。

行人道上挤满了提灯和逛灯的人,我的西瓜灯很新鲜,很引人注意。但是不久我们就和宋妈、二妹她们走散了,我牵着兰姨娘的手,一直往西去,到了京华印书馆的楼前停下来,我假装找失散的宋妈她们,其实是在盼望德先叔。我在附近东张西望一阵没看见,失望地回到楼前来,谁知道德先叔已经来了,他正笑眯眯地跟兰姨娘点头,兰姨娘有点不好意思,也点头微笑着。德先叔说:

"密斯黄,对于民间风俗很有兴趣。"

兰姨娘仿佛很吃惊,不自然地说:

五福(蝠)临门。 尽管临了一百多年,那门还是那个门,主人也换了几茬。(摄于交道口北头条)

石板房。 古城融和着西方的文化,包括建筑风格。(摄于北极阁三条)

"哪里,哄哄孩子!您,您怎么知道我姓黄?"

我想兰姨娘从来没有被人叫过"密斯黄"吧,我知道,人家没结过婚的女学生才叫"密斯",兰姨娘倒也配!我不禁撇了一下嘴,心里真不服气,虽然我一心想把兰姨娘跟德先叔拉在一起。

"我听林太太讲起过,说密斯黄是一位很有志气的,敢向恶劣环境反抗的女性!"德先叔这么说就是了,我不信妈这样说过,妈根本不会说这样的话。

这一晚上,我提着灯,兰姨娘一手紧紧地按在我的肩头上,倒像是我在领着一个瞎子走夜路。我们一路慢慢走着,德先叔和兰姨娘中间隔着一个我,他们在低低地谈着,兰姨娘一笑就用小手绢捂着嘴。

第二天我再到德先叔屋里去，他跟我有的是话说了，他问我：

"你兰姨娘都看些什么书，你知道吗？"

"她正在看《二度梅》，你看过没有？"

德先叔难得向我笑笑，摇摇头，他从书堆里翻出一本书递给我说："拿去给她看吧。"

我接过来一看，书面上印着《易卜生戏剧集：傀儡家庭》。

第三天，我给他们传递了一次纸条。第四天我们三个人去看了一次电影，我看不懂，但是兰姨娘看了当时就哭得欷欷的，德先叔递给她手绢擦，那电影是李丽吉舒主演的"二孤女"。第五天我们走得更远，到了三贝子花园。

从三贝子花园回来，我兴奋得不得了，恨不得飞回家，飞到妈的身边告诉她；我在三贝子花园畅观楼里照哈哈镜玩时，怎样一回头看见兰姨娘和德先叔手拉手，那副肉麻相！而且我还要把全部告诉妈！但是回到家里，卧室的门关了，宋妈不许我进去，她说：

"你妈给你又生了小妹妹！"

直到第二天，我才溜进去看，小妹妹瘦得很，白苍苍的小手，像鸡爪子，可是那接生的产婆山田太太直夸赞，她来给妹妹洗澡，一打开小被包，露出妹妹的鸡爪子，她就用日本话拉长了声说：

"可爱イネ——！可爱イネ——！"（可爱呀！可爱呀！）

妈端着一碗香喷喷的鸡酒煮挂面，望着澡盆里的小肉体微笑着。她没注意我正在床前的小茶几旁打转。我很喜欢妈生小孩子。因为可以跟着揩油吃些什么，小茶几上总有鸡酒啦、奶粉啦、黑糖水啦，我无所不好。但是我今天更兴奋的是，心里搁着一件事，简直是非告诉她不可啦！

妈一眼看见我了：

"我好像好几天都没看见你了，你在忙什么呢？这么热的天，又野跑到哪儿去了？"

"我一直在家里，您不信问兰姨娘好了。"

"昨天呢？"

"昨天——"

我也学会了鬼鬼祟祟,挤到妈床前,小声说:"兰姨娘没告诉您吗?我们到三贝子花园去了。妈,收票的大高人,好像更高了,我们三个人还跟他合照了一张像呢,我只到那人这里,……"

"三个人?还有一个是谁?"

"您猜。"

"左不是你爸爸!"

"您猜错了,"看妈的一副苦相,我想笑,我不慌不忙地学着兰姨娘,用手掌从脸上向下一抹,然后用手指弯成两个圈往眼睛上一比,我说:

"喏!就是这个人呀!"

妈皱起眉头在猜:

"这是谁?难道?难道是?——"

"是德先叔。"我得意地摇晃着身体,并且拍拍我的新妹妹的小被包。

"真是?"妈的苦相没了,又换了一副急相:"到底是怎么回事?你说,你从头儿说。"

我从四眼狗讲到哈哈镜,妈听我说得出了神,她怀中的瘦鸡妹妹早就睡着了,她还在摇着。

"都是你一个人捣的鬼!"妈好像责备我,可是她笑得那么好看。

"妈,"我有好大的委屈,"您那天还要叫爸揍我呢!"

"对了,这些事你爸知道不?"

"要告诉他么?"

"这样也好,"妈没理我,她低头呆想什么,微笑着自言自语地说。然后她又好像想起了什么,抬起头来对我说:

"你那天说要买什么来着?"

"一付滚铁环,一双皮鞋,现在我还要加上订一整年的《儿童世界》。"我毫不迟疑地说。

## 四

爸正在院子里浇花,这是他每天的功课,下班回家后,他换了衣服,总要到花池子花盆前摆弄好一阵子。那几盆石榴,春天爸给施了肥,满院子麻渣臭味,到五月,火红的花朵开了,现在中秋了,肥硕的大石榴都裂开了嘴向爸笑!但是今天爸并不高兴,他站在花前发呆。我看爸瘦瘦高高,穿着白纺绸裤褂的身子,晃晃荡荡的,显得格外的寂寞,他从来没有这样过。

宋妈正在开饭,她一趟趟地往饭厅里运碗运盘,今天的菜很丰富,是给德先叔和兰姨娘送行。

庭院中的石榴树。 "……到五月,火红的花朵开了,现在中秋了,肥硕的大石榴都裂开了嘴向爸笑!"——林海音《城南旧事》。拍摄中,我有意加大了曝光时间,让阳光穿透石榴树的缝隙蔓延开来。石榴会笑,阳光也会笑,让它们的笑慰藉一下暮年伤感的庭院主人。(摄于丰盛胡同〔原丰城胡同〕)

我正在屋里写最后的大字。今年暑假过得很快乐，很新奇，可是暑假作业全丢下没有做，这个暑假没有人管我了。兰姨娘最初还催着我写九宫格，后来她只顾得看《傀儡家庭》了，就懒得理我的功课。九宫格里填满了我的潦草的墨迹，一张又一张的，我不像是学字；比鬼画符还难看。我从窗子正看到爸的白色的背影，不由得停下了笔，不知怎么，心里觉得很对不起爸。

我很纳闷儿，德先叔和兰姨娘是怎么跟爸提起他们要一起走的事呢？我昨天晚上要睡觉时一进屋，只听到爸对妈说：

"……我怎么一点儿都不知道？"

我不知道爸说的是什么事，所以起初没注意，一边换衣服一边想我自己的事：还有两天就开学了，明天可该把大字补写出来了，可是一张九个字，十张九十个字，四十张三百六十个字，让我怎么赶呀！还是求求兰姨娘给帮忙吧。这时我又听见妈说：

"这种事怎么能叫你知道了去！哼！"妈冷笑了一下。

"那么你知道？"

"我？我也不知道呀！德先是怎么跟你提起的？"

"他先是说，这些日子风声又紧了，他必得离开北京，他打算先到天津看看，再坐船到上海去。随后他又说：'我有一件事要告诉大哥的，密斯黄预备和我一起走。'……"我这时才明白是讲的什么事，好奇地仔细听下去。

"哼！你听德先讲了还不吃一惊！"妈说。

"惊么该！"爸不服气，"不过出乎意料就是了，你真一点都不知道，一点都没看出来？"

"我从哪儿知道呢？"妈简直瞎说！停了一下妈又说："平常倒也仿佛看出有那么点儿意思。"

"那为什么不跟我说？"

"哟！跟你说，难道你还能拦住人家不成，我看他们这样很不错。"

"好固然好，可是我对于德先这种偷偷摸摸的行为不赞成。"

妈听了从鼻子里笑了一声，一回头看见了我，就骂我：

白塔寺。 原名妙应寺。始建于（辽）寿昌二年（1096年），元（1271年）重建。（摄于白塔寺西夹道）

"小孩子听什么！还不睡去！"

爸坐在那儿，两腿交叠着，不住地摇，我真想上前告诉他，在三贝子花园门口合照的像，德先叔还在上面题了字："相逢何必曾相识"，兰姨娘给我讲了好几遍呢！可是我怕说出来爸会骂我，打我。我默默地爬上床，躺下去，又听妈说：

"他们决定明天就走吗？那总得烧几样菜送送他们吧？"

"随便你吧！"

我再没听到什么了，心里只觉得舍不得兰姨娘，眼睛勉强睁开又闭上了。梦里还在写大字，兰姨娘按着我的右肩头，又仿佛是在逛灯的那晚上，我想举笔写字，她按得紧，抬不起手，怎么也写不成……

可是现在我正一张一张地写，终于在晚饭前写完了，我带着一嘴的黑胡子和黑手印上了饭桌，兰姨娘先笑了：

"你的大字倒刷好了？"

我今天挨着兰姨娘坐，心中真觉得舍不得，妈直让酒，向兰姨娘和德先叔说：

"你们俩一路顺风！"

爸不用人让，把自己灌得脸红红的，头上的青筋一条条像蚯蚓一样地暴露着，他举着酒杯伸出头，一直伸到兰姨娘的脸面，兰姨娘直朝后闪躲，嘴里说：

"林先生，你别再喝了，可喝不少了。"

爸忽然又直起身子来，做出老大哥的神气，醉言醉语地说：

"我这个人最肯帮朋友的忙，最喜欢成全朋友，是不是？德先，你可得好好待她哟！她就像我自家的妹子一样哟！"爸又转过头来向兰姨娘说："要是他待你不好，你尽管回到我这里来。"兰姨娘娇羞地笑着，就仿佛她是十八岁的大姑娘刚出嫁。

宋妈在旁边伺候，也笑眯着，用很新鲜的眼光看兰姨娘。同时还把洒了双妹花露水的毛巾，一回又一回地送给爸爸擦脸。

马车早就叫来停在大门口了。我们是全家上下在门口送行的，连刚满月的小妹妹都抱出大门口见风了。

黄昏的虎坊桥大街很热闹，来来往往的，眼前都是人，也有邻居围在马车前等着看新鲜，宋妈早就告诉人家了吧！

兰姨娘换了一个人，她的油光刷亮的麻花髻没有了，现在头发剪的是华伦王子式！就跟我故事书里画的一样：一排头发齐齐地齐着眉毛，两边垂到耳朵边。身上穿的正是那件蛋青绸子旗袍，做成长身坎肩另接两只袖子样式的，脖子上围一条白纱，斜斜地系成一个大蝴蝶结，就跟在女高师念书的张家三姨打扮得一样样！

她跟爸妈说了多少感谢的话，然后低下身来摸着我的脸说：

"英子，好好地念书，可别像上回那么招你妈生气了，上三年级可是大姑娘嘍！"

一段老围墙,正对着新华门。　　(摄于西长安街)

　　我想哭,也想笑,不知什么滋味,看兰姨娘德先叔同进了马车,隔着窗子还跟我们招手。

　　那马车越走越远越快了,扬起一阵滚滚灰尘,就什么也看不清了。我仰头看爸爸,他用手摸着胸口,像妈每次生了气犯胃病那样,我心里只觉得有些对爸不起,更是同情。我轻轻推爸爸的大腿,问他:

　　"爸,你要吃豆蔻吗?我去给你买。"

　　他并没有听见,但冲那远远的烟尘摇摇头。

小板凳。　人类在艰辛磨难中趋向成熟，将被感动的生活铭刻于心。（摄于灵境胡同〔原灵济宫〕）

# 换绿

那个两面釉的大绿盆说……盆儿的，用他的蓝布掸子的把儿，使劲敲着

# 驴打滚儿

换绿盆儿的,用他的蓝布掸子的把儿,使劲敲着那个两面釉的大绿盆说:

"听听!您听听!什么声儿!哪找这绿盆儿去,赛江西瓷!您再添吧!"

妈妈用一堆报纸,三双旧皮鞋,两个破铁锅要换他的四只小板凳,一块洗衣服板;宋妈还要饶一个小小绿盆儿,留着拌黄瓜用。

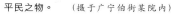

平民之物。　　(摄于广宁伯街某院内)

起落的围墙,冬树和老屋。 这景物平常,五十年前在北京随处可见。现在呢?您要寻找,在满目沙丘般楼厦的缝隙和背后去寻找,似乎有一种寻找水源绿洲的感觉。 (摄于西长安街贤效里〔原成公府夹道、贤孝里〕)

我呢,抱着一个小板凳不放手。换绿盆儿的嚷着要妈妈再添东西。一件旧棉袄,两叠破书都加进去了,他还说:

"添吧,您。"

妈说:"不换了!"叫宋妈把东西搬进去,我着急买卖不能成交,凳子要交还他,谁知换绿盆儿的大声一喊:

"拿去吧!换啦!"他挥着手垂头丧气地说:"唉!谁让今儿个没开张哪!"

四个小板凳就摆在对门的大树荫底下,宋妈带着我们四个人——我,珠珠,弟弟,燕燕——坐在新板凳上讲故事。燕燕小,挤在宋妈的身边,半坐半靠着,吃她的手指头玩。

"你家小栓子多大了?"我问。

"跟你一般儿大,九岁喽!"

小栓子是宋妈的儿子。她这两天正给我们讲她老家的故事:地里的麦穗长啦,山坡的青草高啦,小栓子摘了狗尾巴花扎在牛犄角上啦。她手里还拿着一只厚厚的鞋底,用粗麻绳纳得密密的,是给小栓子做的。

"那么他也上三年级啦?"我问。

"乡下人有你这好命儿?他成年价给人看牛哪!"她说着停了手里的活儿,举起锥子在头发里划几下,自言自语地说:"今年个,可得回家看看了,心里老不顺序。"她说完愣愣的,不知在想什么。

"那么你家丫头子呢?"

其实丫头子的故事我早已经知道了,宋妈讲过好几遍。宋妈的丫头子和弟弟一样,今年也四岁了。她生了丫头子,才到城里来当奶妈,一下就到我们家,做了弟弟的奶妈。她的奶水好,弟弟吃得又白又胖。她的丫头子呢,就在她来我家试妥了工以后,让她的丈夫抱回乡下去给人家奶去了。我问一次,她讲一次,我也听不腻就是了。

"丫头子呀,她花钱给人家奶去啦!"宋妈说。

"将来还归不归你?"

"我的姑娘不归我?你归不归你妈?"她反问我。

"那你为什么不自己给奶?为什么到我家当奶妈?为什么你赚的钱又给了人家去?"

"为什么?为的是——说了你也不懂,俺们乡下人命苦呀!小栓子他爸爸没出息,动不动就打我,我一狠心就出来当奶妈自己赚钱!"

我还记得她刚来的那一天,是个冬天,她穿着大红棉袄;里子是白布的,油亮亮的很脏了。她把奶头塞到弟弟的嘴里,弟弟就咕嘟咕嘟的吸呀吸呀,吃了一大顿奶,立刻睡着了,过了很久才醒来,也不哭了。就这样留下她当奶妈的。

过了三天,她的丈夫来了,拉着一匹驴,拴在门前的树干上。他有一张大长脸,黄板儿牙,怎么这么难看!妈妈下工钱了,折子上写着:一个月四块

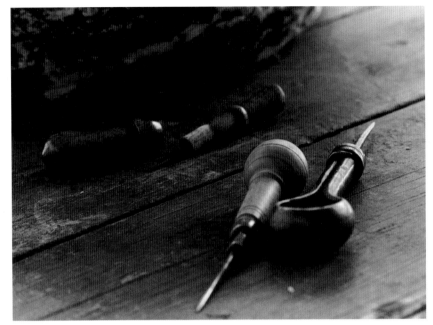

锥子、针葫芦、笸箩。　将普通平凡的事物,增加意义,也许这就是生活,就是生命。

钱,两付银首饰,四季衣裳,一床新铺盖,过一年零四个月才许回家去。

穿着红棉袄的宋妈,把她的小孩子包裹在一条旧花棉被里,交给她的丈夫。她送她的丈夫和孩子出来时,哭了,背转身去掀起衣襟在擦眼泪,半天抬不起头来。媒人店的老张劝宋妈说:

"别哭了,小心把奶憋回去。"

宋妈这才止住哭,她把钱算给老张,剩下的全给了她丈夫。她嘱咐她丈夫许多话,她的丈夫说:

"你放心吧。"

他就抱着孩子牵着驴,走远了。

到了一年四个月,黄板儿牙又来了,他要接宋妈回去,但是宋妈舍不得弟弟,妈妈又要生小孩,就把她留下了。宋妈的大洋钱,数了一大垛交给她丈夫,他把钱放进蓝布褡裢里,叮叮当当的,牵着驴又走了。

以后他就每年来两回,小叫驴拴在院子里墙犄角,弄得满地的驴粪球,好在就一天,他准走。随着驴背滚下来的是一个大麻袋,里面不是大花生,就是大醉枣,是他送给老爷和太太——我爸爸和妈妈。乡下有的是。

我简直想不出宋妈要是真的回她老家去,我们家会成什么样儿?谁给我老早起来梳辫子上学去?谁喂燕燕吃饭?弟弟挨爸爸打的时候谁来护着?珠珠拉了屎谁来给擦?我们都离不开她呀!

可是她常常要提回家去的话,她近来就问了我们好几次:"我回俺们老家去好不好?"

"不许啦!"除了不会说话的燕燕以外,我们齐声反对。

春天弟弟出麻疹闹得很凶,他紧闭着嘴不肯喝那芦根汤,我们围着鼻子眼睛起满了红疹的弟弟。妈说:

"好,不吃药,就叫你奶妈回去!回去吧!宋妈!把衣服,玩意儿,都送给你们小栓子,小丫头子去!"

宋妈假装一边往外走一边说:

"走喽!回家喽!回家找俺们小栓子,小丫头子去哟!"

"我喝!我喝!不要走!"弟弟可怜巴巴地张开手,要过妈妈手里的那碗芦根汤,一口气喝下了大半碗。宋妈心疼得什么似的,立刻搂抱起弟弟,把头靠着弟弟滚烫的烂花脸儿说:

"不走!我不会走!我还是要俺们弟弟,不要小栓子,不要小丫头子!"跟着,她的眼圈可红了,弟弟在她的拍哄中渐渐睡着了。

前几天,一个管宋妈叫大姊儿的小伙子来了,他来住两天,想找活儿作。他会用铁丝给大门的电灯编灯罩儿,免得灯泡儿被贼偷走。宋妈问他说:

"你上京来的时候,看见我们小栓子好吧?"

"嗯。"他好像吃了一惊,瞪着眼珠:"我倒没看见,我是打刘村我舅舅那儿来的!"

"噢。"宋妈怀着心思地呆了一下,又问:"你打你舅舅那儿来的,那,俺们丫头子给刘村的金子他妈妈着,你可听说孩子结实吗?"

"哦?"他又是一惊,"没——没听说。准没错儿,放心吧!"

停一下他可又说：

"大婶儿，您要能回趟家看看也好，三四年没回去啦！"

等到这个小伙子走了，宋妈跟妈妈说，她听了她侄子的话，吞吞吐吐的，很不放心。

妈妈安慰她说：

"我看你这侄儿不正经，你听，他一会儿打你们家来，一会儿打他舅舅家来。他自己的话都对不上，怎么能知道你家孩子的事呢！"

宋妈还是不放心，她说：

"打今年个一开年，我心里就老不顺序，做了好几回梦啦！"

她叫了算命的给解梦。礼拜那天又叫我替她写信。她老家的地名我已经背下了：顺义县牛栏山冯村妥交冯大明吾夫平安家信。

"念书多好，看你九岁就会写信，出门丢不了啦！"

"信上说什么？"我拿着笔，铺一张信纸，逞起能来。

"你就写呀，家里大小可平安？小栓子到野地里放牛要小心，别尽顾得下水里玩，我给做好了两双鞋一套裤褂。丫头子那儿别忘了到时候送钱去！给人家多道道乏。拿回去的钱前后快二百块了，后坡的二分地该赎就赎回来，省得老种人家的地。还有，我这儿倒是平安，就是惦记着孩子，赶下个月要来的时候，把栓子带来我瞅瞅也安心。还有，……"

"这封信太长了！"我拦住她没完没了的话，"还是让爸爸写吧！"

爸爸给她写的信寄出去，宋妈这几天很高兴。现在，她问弟弟说：

"要是小栓子来，你的新板凳给不给他坐？"

"给呀！"弟弟说着立刻就站起来。

"我也给。"珠珠说。

"等小栓子来，跟我一块儿上附小念书好不好？"我说。

"那敢情好，只要你妈答应让他在这儿住着。"

"我去说！我妈妈很听我的话。"

"小栓子来了，你们可别笑他呀，英子，你可是顶能笑话人！他是乡下

（上）院门口堆放的家什。 谁家没有？水缸、咸菜坛子、砂锅、蒸锅……，这就是生活。（摄于前章胡同〔原前张胡同〕）

（下）石基座和老缸，来历不浅。 明清内官署管辖的惜薪司、内织染局、火药局、内教场、石作等，许多成了古城街巷的名称，大石作胡同即出于此。（摄于大石作胡同）

竹车。大约许多人小的时候,在这样的竹车里,吃喝拉撒,被大人哄着、喂着、推着,后来也成了大人。(摄于大石作胡同)

人,可土着呢!"宋妈说得仿佛小栓子等会儿就到似的。她又看看我说:

"英子,他准比你高,四年了,可得长多老高呀!"

宋妈高兴得抱起燕燕,放在她的膝盖上。膝盖头颠呀颠的,她唱起她的歌:

"鸡蛋鸡蛋壳壳儿,里头坐个哥哥儿,哥哥出来卖菜,里头坐个奶奶,奶奶出来烧香,里头坐个姑娘,姑娘出来点灯,烧了鼻子眼睛!"

她唱着,用手扳住燕燕的小手指,指着鼻子和眼睛,燕燕笑得喀喀的。

宋妈又唱那快板儿的:

"槐树槐,槐树槐,槐树底下搭戏台,人家姑娘都来到,就差我的姑娘还没来;说着说着就来了,骑着驴,打着伞,光着屁股挽着髻……"

太阳斜过来了,金黄的光从树叶缝里透过来,正照着我的眼,我随着宋妈的歌声,斜头躲过晃眼的太阳,忽然看见远远的胡同口外,一团黑在动着。我举起手遮住阳光仔细看,真是一匹小驴,得、得、得地走过来了。赶驴的人,蓝布的半截褂子上,蒙了一层黄土。哟!那不是黄板儿牙吗?我喊宋妈:

"你看,真有人骑驴来了!"

宋妈停止了歌声,转过头去呆呆地看。

黄板儿牙一声:"窝——哦!"小驴停在我们的面前。

宋妈不说话,也不站起来,刚才的笑容没有了,绷着脸,眼直直瞅着她的丈夫,仿佛等什么。

黄板儿牙也没说话,扑扑地掸打他的衣服,黄土都飞起来了。我看不起他!拿手捂着鼻子。他又摘下了草帽搧着,不知道跟谁说:

"好热呀!"

宋妈这才好像忍不住了,问说:

"孩子呢?"

"上——上他大妈家去了。"他又抬起脚来掸鞋,没看宋妈。他的白布的袜子都变黄了;那也是宋妈给做的。他的袜子像鞋一样,底子好几层,细针密线儿纳出来的。

我看着驴背上的大麻袋,不知道里面这回装的是什么。黄板儿牙把口袋拿下来解开了,从里面掏出一大捧烤得倍儿干的挂落枣给我,咬起来是脆的,味儿是辣的,香的。

"英子,你带珠珠上小红她们家玩去,挂落枣儿多拿点儿去,分给人家吃。"宋妈说。

我带着珠珠走了,回过头看,宋妈一手收拾起四个新板凳,一手抱燕燕,弟弟拉着她的衣角,他们正向家里走。黄板儿牙牵起小叫驴,走进我家门,他准又要住一夜。他的驴满地打滚儿,爸爸种的花草,又要被糟践了。

等我们从小红家回来,天都快黑了,挂落枣没吃几个,小红用细绳穿好全给我挂在脖子上了。

进门看见宋妈和她丈夫正在门道里。黄板儿牙坐在我们的新板凳上发呆,宋妈蒙着脸哭,不敢出声儿。

屋里已经摆上饭菜了。妈妈在喂燕燕吃饭，皱着眉，抿着嘴，又摇头又叹气，神气挺不对。

"妈，"我小声地叫，"宋妈哭呢！"

妈妈向我轻轻地摆手，禁止我说话。什么事情这样的重要？

"宋妈的小栓子已经死了，"妈妈沙着嗓子对我说，她又转向爸爸："唉！已经死了一两年，到现在才说出来，怪不得宋妈这一阵子总是心不安，一定要叫她丈夫来问问。他侄子那次来，是话里有意思的。两件事一齐发作，叫人怎么受！"

爸爸也摇头叹息着，没有话可说。

我听了也很难过，不知道另外还有一件事是什么，又不敢问。

妈妈叫我去喊宋妈来，我也感觉是件严重的事，到门道里，不敢像每次那样大声喝叱她，我轻轻地喊：

"宋妈，妈叫你呢！"

宋妈很不容易地止住抽噎的哭声，到屋里来。妈对她说：

"你明天跟他回家去看看吧，你也好几年没回家了。"

"孩子都没了，我还回去干么？不回去了，死也不回去了！"宋妈红着眼狠狠地说，并且接过妈妈手中的汤匙喂燕燕，好像这样就表示她呆定在我们家不走了。

"你家丫头子到底给了谁呢？能找回来吗？"

"好狠心呀！"宋妈恨得咬着牙，"那年抱回去，敢情还没出哈德门，他就把孩子给了人，他说没要人家钱，我就不信！"

"给了谁,有名有姓,就有地方找去。"

"说是给了一个赶马车的,公母俩四十岁了没儿没女,谁知道他说的是真话假话!"

"问清楚了找找也好。"

原来是这么一回事儿,宋妈成年跟我们念叨的小栓子和丫头子,这一下都没有了。年年宋妈都给他们两个做那么多衣服和鞋子,她的丈夫都送给了谁?

(左)日月门神画像。 一曰秦(琼)叔宝,二曰尉迟(恭)敬德。(摄于东新开胡同)
(右)无题。 这里仍住着一些平民百姓,似乎也成了一条胡同,只是没有个名。(摄于故宫东墙外)

旧花棉被里裹着的那个小婴孩,到了谁家了?我想问小栓子是怎么死的,可是看着宋妈的红肿的眼睛,就不敢问了。

"我看你还是回去。"妈妈又劝她,但是宋妈摇摇头,不说什么,尽管流泪。她一匙一匙地喂燕燕,燕燕也一口一口地吃,但两眼却盯着宋妈看。因为宋妈从来没有这个样子过。

宋妈照样地替我们四个人打水洗澡,每个人的脸上、脖子上扑上厚厚的痱子粉,照样把弟弟和燕燕送上了床。只是她今天没有心思再唱她的打火连儿的歌儿了,光用扇子扑呀扑呀扇着他们睡了觉。一切都照常,不过她今天没有吃晚饭,把她的丈夫扔在门道儿里不理他。他呢,正用打火石打亮了火,巴达巴达地抽着旱烟袋。小驴大概饿了,它在地上卧着,忽然仰起脖子一声高叫,多么难听!黄板儿牙过去打开了一袋子干草,它看见吃的,一翻滚,站起来,小

随墙门门额的砖雕。　上额三瓦当雕饰篆文:万物咸成·延年益寿·长乐未央;下额石雕为乐字和如意图案,寓万事如意;两侧蝙蝠衔着系带的双钱儿,寓福在眼前。我不大敢相信,那吉祥富贵的话语图纹会给住户人家带来什么福音。几百年了,现在过节,每家每户的门上仍贴上大金大红的"福"。(摄于西长安街贤效里〔原成公府夹道、贤孝里〕)

半扇大门。　　（摄于桦皮厂胡同）

蹄子把爸爸种在花池子边的玉簪花又给踩倒了两三棵。驴子吃上干草了,鼻子一抽一抽的,大黄牙齿露着。怪不得,奶妈的丈夫像谁来着,原来是它!宋妈为什么嫁给黄板儿牙,这蠢驴!

第二天早上我起来,朝窗外看去,驴没了,地上留了一堆粪球,宋妈在打扫。她一抬头看见了我,招手叫我出去。

我跑出来,宋妈跟我说:

"英子,别乱跑,等会跟我出趟门,你识字,帮我找地方。"

"到哪儿去?"我很奇怪。

"到哈德门那一带去找找——"说着她又哭了,低下头去,把驴粪撮进簸箕里,眼泪掉在那上面,"找丫头子。"

"好。"我答应着。

宋妈和我偷偷出去的,妈妈哄着弟弟他们在房里玩。出了门走不久,宋妈就后悔了:

皇宫边上的住宅区。 要拆除了,平民要离开了。这是 2003 年 4 月的事。"我们的新居却给了我很新鲜的感觉;它位于紫禁城边,是离旧皇宫最近的地方。紫禁城在有皇帝的时代,老百姓是要止步的,但是民国以来皇宫开放后,它便是最理想的住宅区了。我们家的东面是中山公园,北面是北海之路,向西去便是中南海。"——林海音《婚姻的故事》(摄于南长街养廉胡同〔老爷庙后巷并入〕)

"应当把弟弟带着,他回头看不见我准得哭,他一时一刻也没离开过我呀!"

就是为了这个,宋妈才一年年留在我家的,我这时仗着胆子问:

"小栓子怎么死的?宋妈。"

"我不是跟你说过,冯村的后坡下有条河吗?……"

"是呀,你说,叫小栓子放牛的时候要小心,不要净顾得玩水。"

"他掉在水里死的时候,还不会放牛呢,原来正是你妈妈生燕燕那一年。"

"那时候黄板——嗯,你的丈夫做什么去了?"

"他说他是上地里去了,他要不是上后坡草棚里耍钱去才怪呢!准是小栓子饿了一天找他要吃的去,给他轰出来了。不是上草棚,走不到后坡的河里去。"

"还有,你的丈夫为什么要把小丫头子送给人?"

"送了人不是更松心吗?反正是个姑娘不值钱。要不是小栓子死了!丫头子,我不要也罢。现在我就不能不找回她来,要花钱就花吧。"

宋妈说,我们从绒线胡同走,穿过兵部洼、中街、西交民巷,出东交民巷就是哈德门大街。我在路上忽然又想起一句话。

"宋妈,你到我们家来,丢了两个孩子不后悔吗?"

"我是后悔——后悔早该把俺们小栓子接进城来,跟你一块儿念书认字。"

"你要找到丫头子呢,回家吗?"

"嗯。"宋妈瞎答应着,她并没有听清我的话。

我们走到西交民巷的中国银行门口,宋妈在石阶上歇下来,过路来了一个卖吃的也停在这儿。他支起木架子把一个方木盘子摆上去,然后掀开那块盖布,在用黄色的面粉做一种吃的。

"宋妈,他在做什么?"

"啊?"宋妈正看着砖地在发楞,她抬起头来看看说,"那叫驴打滚儿。把黄米面蒸熟了,包黑糖,再在绿豆粉里滚一滚,挺香,你吃不吃?"

吃的东西起名叫"驴打滚儿",很有意思,我哪有不吃的道理!我咽咽唾沫点点头,宋妈掏出钱来给我买了两个。她又多买了几个,小心地包在手绢里,我说:

"是买给丫头子的吗?"

出了东交民巷,看见了热闹的哈德门大街了,但是往哪边走?我们站在美

无题。　（摄于东栓〔原东栓马桩〕胡同）

国同仁医院的门口。宋妈的背,汗湿透了,她提起竹布褂的两肩头抖落着,一边东看看,西看看。

"走那边吧,"她指指斜对面,那里有一排不是楼房的店铺。走过了几家,果然看见一家马车行,里面很黑暗,门口有人闲坐着。宋妈问那人说:

"跟您打听打听,有个赶马车的老大哥,跟前有一个姑娘的,在您这儿吧?"

那人很奇怪地把宋妈和我上下看了看:

"你们是哪儿的?"

"有个老乡亲托我给他带个信儿。"

那人指着旁边的小胡同说:

"在家哪,胡同底那家就是。"

护墙石。　（摄于香炉营东巷与香炉营四条的叉口）

宋妈很兴奋,直向那人道谢,然后她拉着我的手向胡同里走去。这是一条死胡同,走到底,是个小黑门,门虽关着,一推就开了,院子里有两三个孩子在玩土。

"劳驾,找人哪!"宋妈大声喊。

其中一个小孩子就向着屋里高声喊了好几声:

"姥姥,有人找。"

屋里出来了一位老太太,她耳朵聋,大概眼睛也快瞎了,竟没有看见我们站在门口,孩子们说话她也听不见,直到他们用手指着我们,她才向门口走来。宋妈大声地喊:

"您这院里住几家子呀?"

"啊啊就一家。"老太太用手罩着耳朵才听见。

寺呢？　此地原称福祥寺胡同，以有其寺庙而名。后来，不单是称呼上去了"寺"字，真寺也荡然无存。据1929年调查，北京城郊佛寺共1033所，现在不知所剩几多。（摄于福祥胡同）

"您可有个姑娘呀？"

"有呀，你要找孩子他妈呀？"她指着三个男孩子。

宋妈摇摇头，知道完全不对头了，没等老太太说完就说：

"找错人了！"

我们从哈德门里走到哈德门外，一共看见了三家马车行，都问得人家直摇头。我们就只好照着原路又走回来，宋妈在路上一句话也不说，半天才想起什么来，对我说：

"英子，你走累了吧？咱们坐车好不？"

我摇摇头，仰头看宋妈，她用手使劲捏着两眉间的肉，闭上眼，有点站不稳，好像要昏倒的样子。她又问我：

"饿了吧？"说着就把手巾包打开，拿出一个刚才买的驴打滚儿来，上面的绿豆粉已经被黄米面溶湿了。我嘴里念了一声："驴打滚儿！"接过来，放在嘴里。

我对宋妈说：

"我知道为什么叫驴打滚儿了，你家的驴在地上打个滚起来，屁股底下总有这么一堆。"我提起一个给她看，"像驴粪球不？"

我是想逗宋妈笑的，但是她不笑，只说：

"吃罢！"

半个月过去，宋妈说，她跑遍了北京城的马车行，也没有一点点丫头的影子。

树荫底下听不见冯村后坡上小栓子放牛的故事了；看不见宋妈手里那一双双厚鞋底了；也不请爸爸给写平安家信了。她总是把手上的银镯子转来转去地呆看着，没有一句话。

冬天又来了，黄板儿牙又来了，宋妈把他撂在下房里一整天，也不跟他说话。这是下雪的晚上，我们吃过晚饭挤在窗前看院子。宋妈把院子的电灯捻开，灯光照在白雪上，又平又亮。天空还在不断地落着雪，一层层铺上去。宋妈喂燕燕吃冻柿子，我念着国文上的那课叫做"下雪"的：

一片一片又一片，

两片三片四五片，

六片七片八九片，

飞入芦花都不见。

老师说，这是一个不会做诗的皇帝做的诗，最后一句还是他的臣子给接上去的。但是念起来很顺嘴，很好听。

妈妈在灯下做燕燕的红缎子棉袄，棉花撕得小小的、薄薄的，一层层地铺上去。妈妈说：

朱彝尊"古藤书屋"的最后片瓦。 康熙十八年（1697）以布衣之身被选进翰林院编修《明史》的朱彝尊（浙江嘉兴人），后谪居宣武门外海波寺街，院内有紫藤两株，故寓所取名"古藤书屋"，并从事了《日下旧闻》的查访和编著。二年后，撰写刊印，此书，成为记载古城历史的重要文献。朱彝尊与林海音，两故居近几咫尺，前者，正在拆除，后者，面目皆非。夜色降临，我们记录了最后的残片——古干低垂，瓦草飘零，以示记奠。其他已故的不少学者、作家等诸大师们的故居书屋，同它们差不多，都在悄无声息地伴着我悄无声息的悲哀消逝了。也许，这消逝，正是敦促我们再去看他们的书，"得其神，忘其形"吧。（摄于宣武海柏胡同〔原海北（波）寺街。澧阳馆夹道并入〕16号）

"把你当家的叫来，信是我请老爷偷着写的，你跟他回去吧，明年生了儿子再回这儿来。是儿不死，是财不散，小栓子和丫头子，活该命里都不归你，有什么办法！你不能打这儿起就不生养了！"

宋妈一声不言语，妈妈又问：

"你瞧怎么样？"

宋妈这才说：

"也好,我回家跟他算帐去!"

爸爸和妈妈都笑了。

"这几个孩子呢?"宋妈说。

"你还怕我亏待了他们吗?"妈妈笑着说。

宋妈看着我说:

"你念书大了,可别欺侮弟弟呀!别净给他跟你爸爸告状,他小。"

弟弟已经倒在椅子上睡着了,他现在很淘气,常常爬到桌子上翻我的书包。

宋妈把弟弟抱到床上去,她轻轻给弟弟脱鞋,怕惊醒了他。她叹口气说:"明天早上看不见我,不定怎么闹。"她又对妈妈说:"这孩子脾气强,叫老爷别动不动就打他;燕燕这两天有点咳嗽,您还是拿鸭儿梨炖冰糖给她吃;英子的毛窝我带回去做,有人上京就给捎了来;珠珠的袜子都该补了。还有,……我看我还是……唉!"宋妈的话没有说完,就不说了。

妈妈把折子拿出来;叫爸爸念着,算了许多这钱那钱给她;她毫不在乎

落寂。　(摄于后青厂胡同顺德馆夹道)

护城河一带的老桥桩。 桥桩是木头的,尽管知道它要被长年水流浸泡冲刷。当初建造时,人们那么精心,用结实的整根圆木,几百根一齐上,结构合理,质材密集,横的、直的、斜的,交错穿插;上上下下左左右右的一道又一道的铁箍圈和数不清的螺钉,证明人当时不敢稍有一点省工省力之嫌⋯⋯。这木桥经了岁月,经了风雨,经了无数人的走来踏去,仍然健在!我拍它的时候仍健在。前几年,上面有话,给拆了,弄了个水泥的。牢固可能牢固吧,但也缺少了这木桩林立的景致。(摄于西便门甘雨桥)

地接过钱,数也不数,笑得很惨:

"说走就走了!"

"早点睡觉吧,明天你还得起早。"妈妈说。

宋妈打开门看看天说。

"那年个;上京来的那天也是下着鹅毛大雪,一晃儿,四年了。"

她的那件红棉袄,也早就拆了,旧棉花换了榧子儿,泡了梳头用,面子和里子给小栓子纳鞋底用了。

"妈,宋妈回去还来不来了?"我躺在床上问妈妈。

妈妈摆手叫我小声点儿,她怕我吵醒了弟弟,她轻轻地对我说:

"英子,她现在回去,也许到明年的下雪天又来了,抱着一个新的娃娃。"

"那时候她还要给我们家当奶妈吧?那您也再生一个小妹妹。"

"小孩子胡说!"妈妈摆着正经脸骂我。

"明天早上谁给我梳辫子?"我的头发又黄又短,很难梳,每天早上总是跳脚催着宋妈,她就要骂我:"催惯了,赶明儿要上花轿了也这么催,多寒碜!"

"明天早点儿起来,还可以赶着让宋妈给你梳了辫子再走。"妈妈说。

天刚蒙蒙亮,我就醒了,听见窗外沙沙的声音,我忽然想起一件事,赶快起床下地跑到窗边向外看,雪停了,干树枝上挂着雪,小驴拴在树干上,它一动弹,树枝上的雪就抖落下来,掉在驴背上。

雪天,可以令人咀嚼无色界的滋味。　　(摄于花园宫东巷)

我轻轻地穿上衣服出去,到下房找宋妈,她看我这样早起来吓一跳。我说:

"宋妈,给我梳辫子。"

她今天特别的和气,不唠叨我了。

小驴儿吃好了早点,黄板儿牙把它牵到大门口,被褥一条条地搭在驴背上,好像一张沙发椅那么厚,骑上去一定很舒服。

宋妈打点好了,她把一条毛线大围巾包住头,再在脖子上绕两绕。她跟我说:

"我不叫醒你妈了,稀饭在火上炖着呢!英子,好好念书,你是大姐,要有个大姐样儿。"说完她就盘腿坐在驴背上,那姿势真叫绝!

黄板儿牙拍了一下驴屁股,小驴儿朝前走,在厚厚雪地上印下一个个清楚的蹄印儿。黄板儿牙在后面跟着驴跑,嘴里喊着:"得、得、得、得。"

驴脖子上套了一串小铃铛,在雪后新清的空气里,响得真好听。

**老树干和教堂天顶的十字架。** 教堂北边的整片老屋都拆光了,残瓦遍地,只剩有几株半枯的老椿树依然挺立,枝桠上竟还长出椿芽椿叶,香气四溢,但原先闻香椿叶的百姓们不知已分遣到何方了。教堂称南堂,位于宣武门内顺城街,由意大利传教士利玛窦始建经堂于此。清顺治七年(1650),德国传教士汤若望在其旧址改建大堂,名"无玷始胎圣母堂"。附近还建有司译的住宅和天文台、藏书楼、仪器室等。(摄于宣武门内顺城街)

**新建**的大礼堂里,坐满了人;我们毕业生坐在前八排,我又是坐在最前一排的中间位子上。……

# 爸爸的花儿落了

新建的大礼堂里，坐满了人；我们毕业生坐在前八排，我又是坐在最前一排的中间位子上。我的襟上有一朵粉红色的夹竹桃，是临来时妈妈从院子里摘下来给我别上的，她说：

"夹竹桃是你爸爸种的，戴着它，就像爸爸看见你上台一样！"

爸爸病倒了，他住在医院里不能来。

昨天我去看爸爸，他的喉咙肿胀着，声音是低哑的。我告诉爸，行毕业典礼的时候，我代表全体同学领毕业证书，并且致谢词。我问爸，能不能起来，参加我的毕业典礼？六年前他参加了我们学校的那次欢送毕业同学同乐会时，曾经要我好好用功，六年后也代表同学领毕业证书和致谢词。今天，"六年后"到了，老师真的选了我做这件事。

爸爸哑着嗓子，拉起我的手笑笑说：

"我怎么能够去？"

但是我说：

"爸爸，你不去，我很害怕，你在台底下，我上台说话就不发慌了。"

爸爸说：

"英子，不要怕，无论什么困难的事，只要硬着头皮去做，就闯过去了。"

"那么爸不也可以硬着头皮从床上起来，到我们学校去吗？"

爸爸看着我，摇摇头，不说话了。他把脸转向墙那边，举起他的手，看那上面

的指甲。然后,他又转过脸来叮嘱我:

"明天要早起,收拾好就到学校去,这是你在小学的最后一天了,可不能迟到啊!"

"我知道,爸爸。"

"没有爸爸,你更要自己管自己,并且管弟弟和妹妹,你已经大了,是不是,英子?"

"是。"我虽然这么答应了,但是觉得爸爸讲的话很使我不舒服,自从六年前的那一次,我何曾再迟到过?

当我上一年级的时候,就有早晨赖在床上不起床的毛病。每天早晨醒来,看到阳光照到玻璃窗上了,我的心里就是一阵愁:已经这么晚了,等起来,洗脸,扎辫子,换制服,再到学校去,准又是一进教室被罚站在门边,同学们的眼光,会一个

阳光。 夏日的阳光,抱住了银杏树,有拱门的老屋坐落远处,它望着,似乎守护着什么。这是基督教公理会贝满女中旧址。 (摄于灯市口大街)

（左）东交民巷外国银行旧址。 "东交民巷代称使馆界。当时布局是：街南自西而东依次为美国兵营、美国使馆、荷兰使馆、花旗银行、东方汇理银行、汇丰银行、德国使馆、怡和洋行、比国使馆、德国兵营；街北自西向东依次为法国医院、麦加得银行、俄国兵营、日本正金银行、西班牙使馆、日本使馆、法国使馆、天主堂、德华银行、德国兵营、美国同仁医院。"（陈文良《北京传统文化便览》）

（右）棋院旧址。 旧时京城，上至王公贵戚，下至百姓贩夫，皆喜下象棋，茶棚棋馆遍布城中各角落，尤以天桥一带最为集中。 （摄于西旧帘子胡同）

个向你投过来，我虽然很懒惰，可也知道害羞呀！所以又愁又怕，每天都是怀着恐惧的心情，奔向学校去。最糟的是爸爸不许小孩子上学坐车的，他不管你晚不晚。

有一天，下大雨，我醒来就知道不早了，因为爸爸已经在吃早点。我听着，望着大雨，心里愁得不得了。我上学不但要晚了，而且要被妈妈打扮得穿上肥大的夹袄（是在夏天！），和踢拖着不合脚的油鞋，举着一把大油纸伞，走向学校去！想到这么不舒服地上学，我竟有勇气赖在床上不起来了。

等一下，妈妈进来了。她看见我还没有起床，吓了一跳，催促着我，但是我皱紧了眉头，低声向妈哀求说：

"妈，今天晚了，我就不去上学了吧？"

妈妈就是做不了爸爸的主意，当她转身出去，爸爸就进来了。他瘦瘦高高的，站在床前来，瞪着我：

"怎么还不起来，快起！快起！"

"晚了！爸！"我硬着头皮说。

"晚了也得去，怎么可以逃学！起！"

一个字的命令最可怕，但是我怎么啦！居然有勇气不挪窝。

爸气极了，一把把我从床上拖起来，我的眼泪就流出来了。爸左看右看，结果

《燕都丛考》:"二条胡同,郭篆麓之蛰园在焉。"(摄于东四二条与三条的贯通巷)

从桌上抄起鸡毛掸子倒转来拿,藤鞭子在空中一抡,就发出咻咻声音,我挨打了!

爸把我从床头打到床角,从床上打到床下,外面的雨声混合着我的哭声。我哭号、躲避,最后还是冒着大雨上学去了。我是一只狼狈的小狗,被宋妈抱上了洋车——第一次花五大枚坐车去上学。

我坐在放下雨篷的洋车里,一边抽抽答答地哭着,一边撩起裤脚来检查我的伤痕。那一条条鼓起的鞭痕,是红的,而且发着热。我把裤脚向下拉了拉,遮盖住最下面的一条伤痕,我怕同学耻笑我。

虽然迟到了,但是老师并没有罚我站,这是因为下雨天可以原谅的缘故。

老师教我们先静默再读书。坐直身子,手背在身后,闭上眼睛,静静地想五分钟。老师说:想想看,你是不是听爸妈和老师的话?昨天的功课有没有做好?今天的功课全带来了吗?早晨跟爸妈有礼貌地告别了吗?……我听到这儿,鼻子抽达了一大下,幸好我的眼睛是闭着的,泪水不至于流出来。

正在静默的当中,我的肩头被拍了一下,急忙地睁开了眼,原来是老师站在我的位子边。他用眼势告诉我,教我向教室的窗外看去,我猛一转头看,是爸爸那瘦高的影子!

我刚安静下来的心又害怕起来了!爸为什么追到学校来?爸爸点头示意招我出去。我看看老师,征求他的同意,老师也微笑地点点头,表示答应我出去。

我走出了教室,站在爸面前。爸没说什么,打开了手中的包袱,拿出来的是我的花夹袄。他递给我,看着我穿上,又拿出两个铜子儿来给我。

后来怎么样了,我已经不记得,因为那是六年以前的事了。只记得,从那以后,到今天,每天早晨我都是等待着校工开大铁栅校门的学生之一。冬天的清晨站在校门前,戴着露出五个手指头的那种手套,举了一块热乎乎的烤白薯在吃着。夏天的早晨站在校门前,手里举着从花池里摘下的玉簪花,送给亲爱的韩老师,她教我唱歌跳舞。

啊!这样的早晨,一年年都过去了,今天是我最后一天在这学校里啦!

当当当,钟响了,毕业典礼就要开始。看外面的天,有点阴,我忽然想,爸爸会不会忽然从床上起来,给我送来花夹袄?我又想,爸爸的病几时才能好?妈妈今早的眼睛为什么红肿着?院里大盆的石榴和夹竹桃今年爸爸都没有给上麻渣,他为

日本人以前开设的诊疗所。　(摄于西打磨厂胡同)

了叔叔给日本人害死,急得吐血了,到了五月节,石榴花没有开得那么红,那么大。如果秋天来了,爸还要买那样多的菊花,摆满在我们的院子里、廊檐下、客厅的花架上吗?

爸是多么喜欢花。

每天他下班回来,我们在门口等他,他把草帽推到头后面抱起弟弟,经过自来水龙头,拿起灌满了水的喷水壶,唱着歌儿走到后院来。他回家来的第一件事就是浇花。那时太阳快要下去了,院子里吹着凉爽的风,爸爸摘下一朵茉莉插到瘦鸡妹妹的头发上。陈家的伯伯对爸爸说:"老林,你这样喜欢花,所以你太太生了一堆女儿!"我有四个妹妹,只有两个弟弟,我才十二岁。……

我为什么总想到这些呢?韩主任已经上台了,他很正经地说:

"各位同学都毕业了,就要离开上了六年的小学到中学去读书,做了中学生就不是小孩子了,当你们回到小学来看老师的时候,我一定高兴看你们都长高了,长大了……"

于是我唱了五年的骊歌,现在轮到同学们唱给我们送别:

"长亭外,古道边,芳草碧连天。……问君此去几时来,来时莫徘徊!天之涯,地之角,知交半零落,人生难得是欢聚,惟有别离多……"

我哭了,我们毕业生都哭了。我们是多么喜欢长高了变成大人,我们又是多么怕呢!当我们回到小学来的时候,无论长得多么高,多么大,老师!你们要永远拿我当个孩子呀!

做大人,常常有人要我做大人。

宋妈临回她的老家的时候说:

"英子,你大了,可不能跟弟弟再吵嘴!他还小。"

兰姨娘跟着那个四眼狗上马车的时候说:

"英子,你大了,可不能招你妈妈生气了!"

蹲在草地里的那个人说:

"等到你小学毕业了,长大了,我们看海去。"

虽然,这些人都随着我长大没了影子了。是跟着我失去的童年也一块儿失去了吗?

爸爸也不拿我当孩子了,他说:

"英子,去把这些钱寄给在日本读书的陈叔叔。"

"爸爸!——"

"不要怕,英子,你要学做许多事,将来好帮着你妈妈。你最大。"

于是他数了钱,告诉我怎样到东交民巷的正金银行去寄这笔钱——到最里面的台子上去要一张寄款单,填上"金柒拾圆也",写上日本横滨的地址,交给柜台里的小日本儿!

原日本正金银行旧址。"我心情紧张地手里捏紧一卷钞票到银行去。等到从最高台阶的正金银行出来,看着东交民巷街道中的花圃种满了蒲公英,我高兴地想:闯过来了,……"——林海音《城南旧事》(摄于东交民巷与正义路的拐口)

我虽然很害怕,但是也得硬着头皮去。——这是爸爸说的,无论什么困难的事,只要硬着头皮去做,就闯过去了。

"闯练,闯练,英子。"我临去时爸爸还这样叮嘱我。

我心情紧张地手里捏紧一卷钞票到银行去。等到从最高台阶的正金银行出来,看着东交民巷街道中的花圃种满了蒲公英,我高兴地想:闯过来了,快回家去,告诉爸爸,并且要他明天在花池里也种满了蒲公英。

快回家去!快回家去!拿着刚发下来的小学毕业文凭——红丝带子系着的白纸筒,催着自己,我好像怕赶不上什么事情似的,为什么呀?

进了家门,静悄悄的,四个妹妹和两个弟弟都坐在院子里的小板凳上,他们在玩沙土,旁边的夹竹桃不知什么时候垂下了好几枝子,散散落落的很不像样,是因为爸爸今年没有收拾它们——修剪、捆扎和施肥。

石榴树大盆底下也有几粒没有长成的小石榴;我很生气,问妹妹们:

"是谁把爸爸的石榴摘下来的?我要告诉爸爸去!"

妹妹们惊奇地睁大了眼,她们摇摇头说:"是它们自己掉下来的。"

我捡起小青石榴。缺了一根手指头的厨子老高从外面进来了,他说:

"大小姐,别说什么告诉你爸爸了,你妈妈刚从医院来了电话,叫你赶快去,你爸爸已经……"

他为什么不说下去了?我忽然着急起来,大声喊着说:

"你说什么?老高。"

"大小姐,到了医院,好好儿劝劝你妈,这里就数你大了!就数你大了!"

瘦鸡妹妹还在抢燕燕的小玩意儿,弟弟把沙土灌进玻璃瓶里。是的,这里就数我大了,我是小小的大人。我对老高说:

"老高,我知道是什么事了,我就去医院。"我从来没有过这样的镇定,这样的安静。

我把小学毕业文凭,放到书桌的抽屉里,再出来,老高已经替我雇好了到医院的车子。走过院子,看那垂落的夹竹桃。我默念着:

爸爸的花儿落了

我也不再是小孩子。

(左)积雪的灯伞。 一个灯伞,洋式的,旧的。雪,积在它上面。石额上还有什么"办事处"字样,现在是个邮电局。(摄于西交民巷)

(右)一段老围墙,正对着新华门。 (摄于西长安街)

西沉。

多少年后,城南游艺园改建成屠宰场,偶然从那里经过,便不胜今昔之感。

# 后记

# 后记

我曾写过一篇题名"忆儿时"的小稿,现在把它抄录在下面:

我的兴趣很广泛,也很平凡。我喜欢热闹怕寂寞,从小就爱往人群里钻。

记得小时在北平的夏天晚上,搬个小板凳挤在大人群里听鬼故事,越听越怕,越怕越听。猛一回头,看见黑黝黝的夹竹桃花盆里,小猫正在捉壁虎,不禁吓得呀呀乱叫。但是把板凳往前挪挪,仍是怂恿大人讲下去。

在我七、八岁的时候,北平有一种穿街绕巷的"唱话匣子的",给我很深刻的印象。也是在夏季,每天晚饭后,抹抹嘴急忙跑到大门外去张望。先是卖晚香玉的来了;用晚香玉串成美丽的大花篮,一根长竹竿上挂着五、六只,妇女们喜欢买来挂在卧室里,晚上满室生香。再过一会儿,"换电灯泡儿的"又过来了。他背着匣子,里面全是新新旧旧的灯泡,贴几个钱,拿家里断了丝的跟他换新的。到今天我还不明白,他拿了旧灯泡去做什么用。然后,我最盼望的"唱话匣子的"来了,看见那人背着"话匣子"(后来改叫留声机,现在要说电唱机了),提着胜利公司商标上那个狗听留声机的那种大喇叭。我就飞跑进家,一定要求母亲叫他进来。母亲被搅不过,总会依了我。只要母亲一答应,我又拔脚飞跑出去,还没跑出大门就大声喊:

"唱话匣子的!别走!别走!"

其实那个唱话匣子的看见我跑进家去,当然就会在门口等着,不得到结果,他是不会走掉的。讲价钱的时候,门口围上一群街坊的小孩和老妈子。讲

（上）简朴的四合院灰砖房。　　不管它坐落哪里，你会读出住在里面的人那沉静、舒心而专注的工作和研究，你会读出那活泼认真的生活。环境雅洁——居人安宁。（摄于北新华街）

（下）门联：长处于世，须尊所闻。　　四合院之院门，门板上常有门联雕刻，常见"忠厚传家，诗书继世"、"风云变态·花草精神"、"善为至宝·德作良谋"……（摄于惜水胡同〔原苦水井〕）

好价钱进来，围着的人就会挨挨蹭蹭地跟进来，北平话叫做"听蹭儿"。我有时大大方方地全让他们进来；有时讨厌哪一个便推他出去，把大门砰的一关，好不威风！

唱话匣子的人，把那大喇叭按在匣子上，然后装上百代公司的唱片。片子转动了，先是那两句开场白："百代公司特请梅兰芳老板唱宇宙锋"，金刚钻的针头在早该退休的唱片上磨擦出吱吱哑哑的声音，嗞嗞啦啦地唱起来了；有时像猫叫，有时像破锣。如果碰到新到的唱片，还要加价呢！不过因为熟主顾，最后总会饶上一片"洋人大笑"，还没唱呢，大家就笑起来了，等到真正洋人大笑时，大伙儿更笑得凶，闹哄哄地演出了皆大欢喜的"大团圆"结局。

母亲时代的儿童教育和我们现代不同，比如妈妈那时候交给老妈子一块钱（多么有用的一块钱！），叫她带我们小孩子到"城南游艺园"去，就可以消磨一整天和一整晚。没有人说这是不合理的。因为那时候的母亲并不注重"不要带儿童到公共场所"的教条。

那时候的老妈子也真够厉害，进了游艺园就得由她安排，她爱听张笑影的文明戏"锯碗丁"、"春阿氏"，我就不能到大戏场里听雪艳琴的"梅玉配"。后来去熟了，胆子也大了，便找个题目——要两大枚（两个铜板）上厕所，溜出来到各处乱闯。看穿燕尾服的变戏法儿；看扎着长辫子的姑娘唱大鼓；看露天电影郑小秋的"空谷兰"。大戏场里，男女分座（包厢例外），有时候观众在给"扔手巾把儿的"叫好，摆瓜子碟儿的，卖玉兰花儿的，卖糖果的，要茶钱的，穿来穿去，吵吵闹闹，有时或许赶上一位发脾气的观众老爷飞茶壶。戏台上这边贴着戏报子，那边贴着"奉厅谕：禁止怪声叫好"的大字，但是看了反而使人嗓子眼儿痒痒，非喊两声"好"不过瘾。

大戏总是最后散场，已经夜半，雇洋车回家，刚上车就睡着了。我不明白那时候的大人是什么心理，已经十二点多了，还不许人家睡，坐在她们（母亲或者老妈子）的身上，打着瞌睡，她们却时时摇动你说："别睡！快到家了！"后来我问母亲，为什么不许困得要命的小孩睡觉？母亲说，一则怕招凉，再则怕睡得魂儿回不了家。

多少年后,城南游艺园改建成屠宰场,偶然从那里经过,便不胜今昔之感。这并非是眷恋昔日的热闹的生活,那时的社会习俗并不值得一提,只是因为那些事情都是在童年经历的。那是真正的欢乐,无忧无虑,不折不扣的欢乐。

我记得写上面这段小文的时候,便曾想:为了回忆童年,使之永恒,我何不写些故事,以我的童年为背景呢!于是这几年来,我陆续地完成了本书的这几篇。这些故事不一定是真的,但写着它们的时候,人物却不断地涌现在我的眼前,斜着嘴笑的兰姨娘,骑着小驴回老家的宋妈,不理我们小孩子的德先叔叔,椿树胡同的疯女人,井边的小伴侣,藏在草堆里的小偷儿。读者有没有注意,每一段故事的结尾,里面的主角都是离我而去,一直到最后的一篇"爸爸

**正等待着爱花养花的主人。** 靠栏的扫把,是刚刚把有绿苔的青砖地面收拾乾净而停歇一会儿,收拾的当儿,还特意留下从砖缝钻出的小草小叶;正是清明,庭院的石槽,瓦盆已拌好肥土,准备迎候着花籽或老根——是文竹?绣球?海棠?还是牵牛花?……种什么呢?(摄于北新华街)

的花儿落了",亲爱的爸爸也去了,我的童年结束了。那时我十三岁,开始负起了不是小孩子所该负的责任。如果说一个人一生要分几个段落的话,父亲的死,是我生命中一个重要的段落,我在父亲节写过一篇"我父",仍是值得存录在这里的:

写纪念父亲文章,要回忆许多童年的事情,因为父亲死去快二十年了,他弃我们姊弟七人而去的时候,我还是个小女孩。在我写文多年间,从来没有一篇是专为父亲而写的,因为我知道如果写到父亲,总不免要触及到他离开我们过早的悲痛记忆。

虽然我和父亲相处的年代,远比不了和一个朋友更长久;况且那些年代对于我,又都是属于童年的,但我对于父亲的了解和认识极深。他溺爱我,也鞭

鼓形的花盆。 我们无从问出,是什么时候先人留下的。只能责怪自己,先人在,而自己还没有真正长大,缺少一种体贴的追问。隶书的刻字还清晰,是"寒枝历岁寒",植什么才合了这句子?腊梅么?盆边,瓦钉剥损了,地上,散散落落,还是去年花的残蒂败叶。花开花落,爱花的人呢? (摄于北新华街)

策我,更有过一些多么不合理的事情表现他的专制,但是我也得原谅他与日俱增的坏脾气,是因为他日渐衰弱的肺病身体。

父亲实在不应当这样早早离开人世。他是一个对工作认真努力,对生活有浓厚兴趣的人,他的生活多么丰富!他生性爱动,几乎无所不好,好像世间有多少做不完的事情,等待他来动手,我想他对死是不甘心的。但是促成他的早死,多种的嗜好也有关系,他爱喝酒,快乐地划着拳;他爱打牌,到了周末,我们家总是高朋满座。他是聪明的,什么都下功夫研究。他肺病以后,对于医药也很有研究,家里有一个五斗柜的抽屉,就跟个小药房似的。但是这种饮酒熬夜的生活,足以破坏任何医药的功效。我听母亲说,父亲在日本做生意的时候,常到酒妓馆林立的街坊,从黑夜饮到天明,一夜之间喝遍一条街,他太任性了!

母亲的生产率够高,平均三年生两个,有人说我们姊妹多是因为父亲爱花

"苔痕上阶绿,草色入帘青"。——刘禹锡《陋室铭》(摄于前海北沿某院)

什么是花荫凉，这就是花荫凉。　（摄于西直门东大街）

的缘故，这不过是迷信中的巧合，但父亲爱花是真的。我有一个很明显的记忆，便是父亲常和挑担卖花的讲价钱，最后总是把整担的花全买下。于是父亲动手了，我们也兴奋地忙起来，廊檐下大大小小花盆里栽的花，父亲好像特别喜欢文竹，含羞草，海棠，绣球和菊花。到了秋天，廊下客厅，摆满了秋菊。

花事最盛是当我们的家住在虎坊桥的时候，院子里有几大盆出色的夹竹桃和石榴，都是经过父亲用心培植的。每年他都亲自给石榴树下麻渣，要臭好几天，但是等到中秋节，结的大石榴都饱满得裂开了嘴！父亲死后的第一年，石榴没结好；第二年，死去好几棵。喜欢附会迷信的人便说，它们随父亲俱去。其实，明明是我们对于剪枝施肥，没尽到像父亲那样勤劳的缘故。

父亲的脾气尽管有时暴躁，他却有更多的优点，他负责任地工作，努力求生存，热心助人，不吝金钱。我们每一个孩子他都疼爱，我常常想，既然如此，他就应该好好保重自己的身体，使生命得以延长，看子女茁长成人，该是最快乐的事。但是好动的父亲，却不肯好好地养病。他既死不瞑目，我们也因为父亲的死，童年美梦，顿然破碎。

在别人还需要照管的年龄，我已经负起许多父亲的责任。我们努力渡过难关，羞于向人伸出求援的手。每一个进步，都靠自己的力量，我以受人怜悯为耻。我也不喜欢受人恩惠，因为报答是负担。父亲的死，给我造成这一串倔强，细细想来，这些性格又何尝不是承受于我那好强的父亲呢！

童年在北平的那段生活，多半居住在城之南——旧日京华的所在地。父亲好动到爱搬家，绿衣的邮差是报告哪里有好房的主要人物。我们住过的椿树胡同，新帘子胡同，虎坊桥，梁家园，尽是城南风光。

收集在这里的几篇故事，在时间上有点连贯性，读者们别问我是真是假，我只要读者分享我一点缅怀童年的心情。每个人的童年不都是这样的愚骏而神圣吗？

# 收拾残片——陪海音先生再走城南

沈继光

### 缘 起

大概是今年二月底，北京的古干虬枝还黑褐光秃，接到了香港三联书店执行总编辑李昕的电话，约我为"插图本《城南旧事》"一书的出版提供一百三十至一百五十幅摄影作品。我猜想，导致这约稿的原因，可能是自己的两个摄影集子《旧京残片》（人民美术出版社）、《老舍的北京》（三联书店（香港）有限公司）得到了他及一部分读者的在意。

我满怀感激。感激那在意背后的信任与厚爱。究其实，我心里清楚，许多片子，倘用专业摄影的通用标准衡量，都存有或多或少的缺憾；只不过，记录古城的历史气息和品味，承载着摄影者本人的所思所想，而正是通过这种方式的创作，他才得以重新体验生活的深沉与清醒，渐渐靠近，靠近那些我们不可缺少的智慧和不可缺少的真理。

海音先生已于前年冬天长逝台北。但我，愿意"陪海音先生再走城南"，操起相机，再去收拾古城的残片。殊不知，这次的残片，几乎是在瓦砾中收拾了。

### 困 境

读《城南旧事》，弄清一点海音先生早年北京生活的地方；读夏祖丽《从城南走来——林海音传》，弄清那些地方经过半个多世纪岁月的消损，更或是人为地漠视，大都面目皆非，有的竟被夷为平地。这景况，海音先生及她的后代在寻根之旅中亲眼见了，拍下了不多的旧居旧址，并在旧居旧址前合影留念，那时他们的心情如何？"一言难尽"。小说《城南旧事》的环境，早已消失得无踪迹了。

我还能做些什么？还能提供什么，来对林先生这部著作于画面上有所补益?极有见识的学者赵园也为我担心:"老城已拆成这样子,你还能拍么?"

困境,困惑。后来,我给自己找个宽解:"先走出去再说。"也许,行动开始,随之可以寻个缺口,为想法带来一点光明。

## 启 蒙

清寒烟雨。我绕过林立的大楼大厦,深入其背后的平民住宅区。旧的,半新不旧的院落围墙,高高低低,曲曲折折,半隐半显,宁静极了。正被圈起的施工区,里面却有几座老屋的废墟,那颓壁竟是磨砖对缝相当考究。你只要驻足,只要注目,不难体会那一砖一石中潜藏着工匠们用心用力的行业品行,甚至你由解读那一砖一石,便能想像出当时一道接一道工序中绝无半分敷衍的认真情景……。

说通门房,又进了一所颇有来历的学校旧址,登上木阁楼,打量着那幽长的甬道,挂牌的教室和年久光润的扶梯。我明白,它们曾是学童学子得以滋润薰陶的乐土……。

一天过去,又是一天。我不知不觉踩着瓦砾,串入了拆迁的小胡同,见到门牌和砖雕被摘走,只剩下光秃的院门和废弃的水缸菜坛。屋瓦上,几丛枯草轻轻摇曳。拆了一半的老房断面,那支撑了百年的粗拙栋梁终于裸露,噢,栋梁原是轻易不会被人看出的。我自语着。庭院没了,两个门墩却还死死地守在当初的位置上,不肯离去。……

碰上了几户人家。整条胡同都快拆光了,只有他们还没有搬走,正等待着什么。"我们,我们再不能,回到这儿了。"老人一边诉说,一边用手抠着门前大槐躯干上的泥斑,不知是哪个淘气的小孩拽上去的……。

一下子,那语气,那眼神,那手抠的动作,以至周围的空气,连同几天来我所见所感的平凡微末,不得不让自己发问:这一切难道不正是对林海音先生笔下关注命运的作品的画面注释么?这一切难道不正是小英子亲切、好奇、自由、活泼的天性所要寻找的东西么?这一切,难道不正是留给海音和更多人永远回忆的古城世界么?

何必在故居旧址门牌的对证上计较和纠缠，何必在绝对的过去与现在的时差上计较和纠缠。断木斜柯、残墙颓壁、盘根错节，江淹过后不更是大风景大气象吗？与海音先生一起，我们寻找的是对生命的感动，是我们认定的那种真实，那种本质。思涌中，又让我联想起《列子》中的九方皋相马，这位伯乐大师的弟子，不为马的皮色和牝牡所干扰，得其精，忘其粗，得其意，忘其形，得其神，忘其骸，直取其"行千里"之质，只看他所想看的，而不看他根本就不想看的。

不断困惑，也不断悟解，与古代先哲的智慧相遇，得以解放般的助力和佐证。一种思维上的特殊收获，一种穿洞见天的强烈感受，一种劳作的由衷快乐，就是它们，搅动着我，在古城停停走走，走走停停，开始了这次《城南旧事》的拍摄。

## 互 动

在停和走的过程中，收拾残片。大柯的几根垂落枝条，瓦陇中存留的枯叶，临街老店被涂盖的字号，半扇院门的插闩，还有屋顶上闲置的花盆，巴在皇城墙上的冬雪，被踩成凹状的门坎……请原谅，用镜头收拾这些残片，早已成为我难改的偏爱，成为我认定的世界和意义。几乎全部以残片充满画面，也成为了这次插图的基本特点。

我读过这样的句子："艺术家的手，可以说动手就是为了收集这些东西，把这些东西从遗弃、破损、撕裂、从人的脚印和时间的脚印下解救出来。"（雅克·杜班语）"我们应该不懈地使公众习惯于认为，有成千上万的事物值得归于艺术，也就是归于人的范畴。有许多事物，无论乍一看显得如何微不足道，只要置于正确的视角下，就会变得比所有那些通常认为是重要的事物远远伟大得多，更值得尊重。"（安东尼·塔皮埃斯语）大师的原语告诉我，自身的艺术经历告诉我，微末的残片可以诞生出伟大的气息——不在于它是什么，而在于我们看出了什么；不在于它在哪里，而在于我们把它引向哪里。只要它们在我们的内心深处，唤起了一种真切强烈的感觉，成为一段我们自身的历史,成为一个路标,并经由我们的想像,创造出一种伟大的气息,一种气局,一种气象,也就达到了那文学的、自由的、人性的崇高境界。

这里,强调了"想像"。没有想像,我不知如何摄影,即使那摄影是所谓最逼真不过的记录;没有想像,我不知如何阅读文字和画面。而真正的阅读,是从被关注对象的命运和性情中,审视起阅读者自身的命运和性情,从对个体事物的观察和理解中,贯通到对普遍整体事物的观察和理解。

是这样么?我只是在现实与想像的互动中,寻到了一些生活的线索。当我透过相机镜头,对日下的残片经凝视给以一瞬的曝光,一瞬的记录,布莱克的诗也在耳边同时响起:

"一粒沙子一个世界／一朵小花一座天堂／无穷无尽在你的手掌上／永恒,就在那一瞬里收藏"。

## 不 死

在胡同中奔走,在瓦砾中奔走。不远处,有轻缓的声音吸引了我:"小耗子,上灯台,偷油吃,下不来。吱吱吱,叫奶奶,……小耗子,上灯台……",回头一看,分明见一个女子抱着个周岁不到的婴儿在院门前,边哼哼着这传了几百年的儿歌,边走着绺儿。这不是《城南旧事》里宋妈哄着小英子姐妹唱那"鸡蛋鸡蛋壳壳儿"的情景么?我停下来,望着那被抱的半躺的婴儿——刚满周岁,真不大。"他听得懂那儿歌么?"我再问自己。我自己儿时,父母为我哼哼儿歌讲故事,我当时懂么?知道吗?不懂不知道又怕什么。那时婴孩在大人的怀抱里,在大人的双膝下,在无限温暖的呵护里,在有节奏有韵脚的美妙声音里,享受着安宁和舒适,享受着可以笑,可以哭,可以看,可以想,可以猜,可以睡,没有什么不可以的无拘无束的自由。几十年过去了,海音先生笔下的形象,非但没有死,而且依然活着,就在我们的眼前活着,活得那么生动和鲜明!绝不止是在记忆里。

奔走中,我望见了荒庙空地边正在往麻袋里塞破烂的乡人,过街桥上半跛半瘫的乞丐,斑驳的墙上,留着小孩子用滑石或粉笔涂画着各种各样猜不透的记号,墙头冒出院里的枣树枝和扫房用的长掸子……时不时竟还有豪华的轿车从我身边猛然而过,溅起水洼的水,扬起土砾的尘。……

望见他们,我近乎真切地望见了鲁迅笔下、老舍笔下、乃至一切精神大师笔下的人物形象和围绕在人物旁边所有的形象,并透过这些形象而感受其心魂,他们都在世上活着,大师用作品启示我们,在直面人生中不沉沦于骄横、诡计和谎言,以独立的精神和自由的思想做今天的事情。不死的文学,不死的艺术。

收拾残片,为酝酿出的一些弥久而常新的观念和情感而喜悦,这不是因为别的,它,将影响我们未来的行为。

## 致 谢

感谢李昕先生和香港三联书店编辑、设计人员对本书插图作品给予的精心关照。

感谢中国现代文学馆馆长舒乙先生,在我拍摄古城残片的工作中给予的鼓励和帮助。

感谢我的姐姐和我的妻儿,他们给予了我特别的温暖和爱护。

尤要感谢我的助手高萍小姐。在SARS病毒肆虐京城的严峻时刻,她毅然陪同我拍摄,分担着摄影器材的重负,帮我询问、记录、描画、查证路线,助我整理出全部图片和文字。没有她,我的这次拍摄工作是难以想像的。

最后,要感谢的,将是读者给予插图画面的批评和指正。

2003 年 5 月 20 日

于北京地藏庵